「自立型往還学習」のススメ

自由進度学習の課題から考える

ヒミツキチ森学園
青山雄太［著］

明治図書

はじめに

今、この原稿を書いているのは２０２４年7月21日。新渡戸文化学園でのイベントの帰り道、電車に揺られながら、パソコンをカタカタと打っている。

新渡戸での「TEACHER'S HUB」というイベントでの登壇を振り返ると、深い学びを得た感覚があった。オルタナティブスクールの先生仲間４人でのトークセッション、登壇させてもらえて本当に幸せなことだ。仲間の言葉に気づきをもらい、参加者の方の質問から、深く考え込んだ。

学びは、受け手側（参加者）よりつくり手側（主催者・登壇者）の方が、吸収率が高い。

ここ最近ではそう実感する機会が多い。ボク自身も学びを受ける側から始まり、教員6年目の年に、学ぶ機会をつくるために仲間と自主的な学び場を立ち上げた。つくり手側にまわるようになったのだ。受け手側より、つくり手側の方が、遥かに学びになる…。今回のイベントを主催した新戸部の先生方も、絶対にたくさんのことを学んでいただろう。

ここで、教室の学びに目を向けてみたい。

毎日教室に通う子どもたちは、学びに対して受け手側だろうか、つくり手側だろうか。

ここ数十年の教育では、おそらく受け手側だっただろう。それまで教室の学びをつくってきたのは、先生だ。ただそれもこの10年、もっと言えばコロナ禍以降の教室では、**子どもがつくり手側に移り始めているのではないだろうか。**

GIGAスクール構想では、子どもたちの机に置かれるものが、あっという間にノートからタブレットやPCに切り替わった。一気にハードが変わる変化だ。そのハードの変化に追いつこうと、日々、先生方も努力を重ねている。そのプロセスの中で、子ども自身が自らの学びに自分自身で取り組む「自由進度学習」が再注目されるようになった。

10年以上前、公立小の現場で自由進度学習を実践していたときのことを思い出す。その学びが幅広く認知されていくことは、当時はなかったのだが…

実践で生まれていた当時の課題感としては、

・先生は何をするのか（教師の役割）

・子ども一人ひとりの学びをどう見取るのか（学びの把握）

ここに難しさと限界を覚える先生が多かった。

そこから10年以上経ち、「自由進度学習」は注目を集め、全国的に、その学びは少しずつ広がってきている。

では、今広まりつつある**自由進度学習は「つくり手側の学び」になっているのだろうか。現状では、まだそうとは言えないのではないだろうか。**

受け手側の学びとしての発展版…。そう見ている先生が多いのだと思う。「子どもたちが自分たちで学んでいます」と言いつつ、内容は教科書を順番に進めるものに変わりはないのだ。


では、子どもたちにとって、本当のつくり手側の学びってどんなものだろう。公立時代にもち始めたこの問いを基に、公立での実践で、そしてヒミツキチ森学園での5年間の実践で、来る日も来る日も試行錯誤を丁寧に続けてきた。

自由進度学習を超えて、**その先にある学びはこういったものなんじゃないか**と提案をさせてもらえるレベルまで来たと思っている、いや、来たと信じたい…が正しいか。

つくり手側の学びをもたらすポイントが2つある。子どもたちが、**往還しながらつくり手側になるプロセスを大事にすること**、そして、**全体性を失わない学びを目指すこと**だ。

この2つをつくり続けているヒミツキチ森学園での学びに、「**自立型往還学習**」と名前をつけた。この本は、自由進度学習の先にあるのは「自立型往還学習」だという提案と、そのやり方や考え方を丁寧に綴った実践の記録だ。

ただ、「信じたい」と書いた通り、本書に書かれていることも、まだ到達点ではない。

・インストラクションはどの程度機能しているのか、もっと質を高められないのか

・本当に学んでほしい力はついたのか、それは中学校から先で通用する力なのか

常に葛藤があり、ボクらの学びにも課題を挙げればキリがない。本を書き切って皆さんの手元に届く間にも、葛藤や課題は山ほど出てくる。1つできるようになれば次またその次と。どこまでやっても終わりがない、ただ、少しずつ形になっているこの学びのことを、今の段階だからこそ残しておきたい。一緒に取り組んでくれる仲間が生まれるからだ。

嬉しいことに今回初めてヒミツキチの実践を丸ごと本にしていただく機会をいただいた。子どもたちが日々取り組んでいることを、事実の通り書いてある。

学びの本質を一緒に読み解きながら「自立型往還学習」が、今広まりつつある自由進度学習をさらに推し進める一手になってもらえたら、こんなに嬉しいことはない。

ボクが書く本は今すぐに役立たないかもしれない、だけれど長期的に見れば絶対に大事だと言えることを書き綴ってある。10年後、いや20年後、この本を手に取ってくれた方が、新たな一歩を踏み出せるようにという願いを込めて。


そんな想いで葛藤しながら書いたこの一冊の読み方を示させてください。

序章では、自由進度学習にどのような課題や違和感をもち、「自立型往還学習」に至ったのか、その経緯とともに、文科省やOECDが発信している説明から、その有効性を探っていきます。

第1章は、個別学習と共同学習の第1の往還について、内容とともに詳しく話していきます。

第2章は、ブロックアワーとプロジェクトアワーにおける第2の往還について、これもヒミツキチの事例を交えてお伝えいたします。

第3章では、往還のための共通項になる、10のツールとSELについて詳しく書いています。ここでは実際にツールを使っている子どもたちが書いた文章も載せているので、ぜひ読んでもらえたら嬉しいです。

第4章には、主に周囲の大人がどう学びに関わるかを示しました。先生や同僚、親がどのように子どもに関することを共有するのか、教室という垣根を超えて読んでいただけたら嬉しいです。

第5章では、ヒミツキチの子どもにロングインタビューした内容や、グループリーダー（担任）を務める同僚の文章も載っています。「自立型往還学習」を進める現場での声を参考にしてもらえたら嬉しいです。

第6章では、公立小学校で往還する学びを実践するヒントを書きました。実際に今の現場でどう活用するか、考えながら読んでほしい章です。

子どもが学びのつくり手側にシフトチェンジする…そんなヒントが「自立型往還学習」にはきっとあるはずです。皆さんも自分の教室を思い浮かべながら、自分自身に問い返しながら、ページを読み進めていただければと思います。

CONTENTS

CONTENTS

第4章

自立型往還学習の中で子どもの学びをどう見取るか

CONTENTS

本書を読み進める上で押さえておきたいキーワード

かず	主に算数の学習
ことば	主に国語の学習
まなびぃ	理科・社会・家庭科などをテーマに沿って混ぜた学び。２学年ごとの共同学習
共同学習	自立型往還学習の時間における仲間との学習
個別（自立）学習	自立型往還学習の時間における主に一人での学習
インストラクション	計画的な共同学習のこと
プロジェクト	ラーニングプロジェクトやイベントプロジェクトにおける１つの取り組み
ブロックアワー	午前の自立型往還学習の時間を指す
プロジェクトアワー	午後のプロジェクトをする時間を指す
ラーニングプロジェクト	答えのない問いを皆で共創する探究学習。テーマプロジェクト
イベントプロジェクト	行事を自分たちでつくるプロジェクト
サークルタイム	朝や帰り、授業中も行う対話の時間
書く時間	作家の時間。アウトプットを主にする授業
読む時間	読書家の時間。インプットを主にする授業
森クラス	１～３年生の低学年クラス
海クラス	４～６年生の高学年クラス
グループリーダー	いわゆる担任
学びの地図	自立型往還学習で使う計画表
ラーニングディスポジション	非認知能力、ヒミツキチ森学園でつけたい12の力のこと

ヒミツキチ森学園の「１日の流れ」はこちらから▶

序章

自由進度学習を越える「自立型往還学習」

01

自由進度学習を実践した数年と感じた課題

自由進度学習は、これまでの学びの在り方から考えると非常に合理的で魅力的な実践です。一斉授業だけを受けてきた子どもたちからすればなおさらです。

しかし、公立小学校で自由進度学習を実践していく中で、「学びの様子を、各項目が終えたかどうかでしか見取れない」「進度だけが自由でいいのだろうか？」「個別の学びが孤立した学びになっているのではないか？」などの課題も感じました。
ここがゴールではないと悟った瞬間でした。

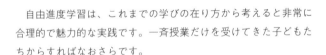

公立小学校で自由進度学習を実践してみて

最近、至るところで聞く自由進度学習。歴史があり、古くは愛知県知多郡東浦町にある緒川小学校での実践が有名です。50年前から行われていたと言われるこの学習は、近年、書籍も多く出版され、実践を始める学校、学級も増えてきていますよね。

ボクが初めて実践したのは、算数での単元内自由進度学習。その後、神奈川県伊勢原市の公立小学校で、桑原昌之先生のクラスを尋ねたことがきっかけでイメージが広がりました。国語や算数などが混ざった自由進度学習（オランダのイエナプランを見学された桑原先生はブロックアワーとして実践されていました）、その学びの風景を見せていただいたことで、クラスでの自由進度学習の実践も変わっていきました。単元や教科の枠を超えた自由進度学習を、桑原先生の教室に出合った2017年から実践していきました。

子どもたちの姿や反応から最初に感じたのは、**一人ひとりのペースで学ぶことに価値があるということ**です。何十年という長い期間、日本の子どもたちは一斉授業で、当たり前のように学んできました。**でも、もうそこに無理があるということは、先生なら誰しもが気づいていること**。子どもがどんなに学習内容を先に理解していても、学んでいても、みんな「初めて学びます！」に合わせなくてはいけなかった…。学習の課題（めあて）も全員が一緒。

ここに痛烈な違和感をもっていたのはたしかで、**先に学んでいるはずの子どもが、学校の授業を成り立たせるために「習っていませんよ」という演技をしなくてはいけない…**。6年間このことに付き合わされるのは本当に大変です。決して短くない6年間という時間の中で、いつしか諦めていく…、そんな子どもたちをたくさん見てきました。

だからこそ「進度」がどの段階であっても、自分のペースで学びができるとわかった子どもたちは、水を得た魚のように学びに没頭していきました。

しかしながら、いくつかの課題も見えてきました。

まずは**先生がその学び方に対応できないこと**。学年で一緒に取り組んだこともありましたが、一斉授業のスキルを磨いてきた先生は、自由進度学習になると、

「あれ、教えなくなった自分は、先生として何をしたらいいんだっけ？」

そうなってしまうことが多々ありました。一斉授業のスキルは自由進度学習にも役立つのですが、一生懸命そのスキルを磨いていた先生ほど立ち位置に困っていたようでした。**自由進度学習は先生の役割が変わります。その役割の変化に対応できないのです。**

また、**子どもたち一人ひとりの学びをどう担保していくか**という課題にもぶつかります。個別化された学びに対応するには、10年前の教室には限界がありました。苦肉の策で、「関門」のようなチェックテストを先生が設置し、一人ひとりに抜け漏れがないかを把握していました。先生の役割は、チェックをする人になってしまい…。本来は子どもたちの学びが加速されるような働きかけがしたいところ。時間があるようでない状態から、なかなか学びを促すことまではできなかったのです。

さらには、**「一斉授業だからこそ、みんなで練り上げられる！」という従来の教育への揺り戻し**もあるでしょう。変化が起こるときには、必ずどこかで揺り戻しが起きています。実際に取り組んでみると、一斉授業のよさが見えてきます。新しいことを始めたときに、従来やってきたことのよさが見えると、「やっぱり前の方法がよかったのではないか…」

と疑心暗鬼になる先生が多かったのです。

そうやって、10年前、仲間と取り組んでいた自由進度学習は、「理想だけれどもなかなか難しい学びのかたち」として認識されることが多かったと記憶しています。

しかしながら2020年のコロナ禍で、その状況も変わります。それがGIGAスクール構想の実現です。1人1台端末によって、AIが個々の学びに対応してくれる…、そんな未来がすぐそこまできています。実際に、AIドリルが学習の中や宿題に採用されるなど、少しずつPCやタブレットを使った学びが浸透しつつあります。

今まさに可能性を感じられる自由進度学習ですが、それでも課題はあります。

まずは、**個別化をどこまで進めるか**ということです。一斉授業への揺り戻しで起こっていたこと…、つまり集団で練り上げる時間をどのように確保するかです。ここは先生によって工夫が見えますが、一斉授業を部分的に取り入れるなどに落ち着いてしまっています。

それでは、共同学習と個別学習がバラバラに展開されていて関連性が見えません。

また、**AIを活用した先の、先生の役割はどのようなものに変わるのか**というものです。

子どもたち一人ひとりの状態を把握しやすくなる中、ボクら先生は学びの中でどんな役割を果たしていくのでしょうか、このあたりが明確に語られていないことが問題です。

あとは、先生が子どもに何を学ばせるか、心構えや語りのようなものを書かれている書籍はありますが、実際にスキルとして明示されているものがないのです。つまり、**自由進度学習で子どもたちは学習内容の他に何を学ぶ必要があるのかが曖昧なところ**も、難しさにつながっているのでしょう。

「自由進度学習をやっています」という声を聞くものの「やってみているのですが…」そんなニュアンスがまだまだ強いのです。ただ、ここで立ち止まってしまう、また元に戻ってしまうのは、非常にもったいないことです。目の前の課題を超えていくこと、それと同時に、自由進度学習がゴールではないことは当時も今も強く感じています。

そして、実践している、実践しようとしている皆さんに問いたいのは、「**今の自由進度学習の形が最適な学習方法なのだろうか**」ということです。その先はないのだろうか。そう考えたことはありませんか。

自由進度学習のその先には、どんな学習の姿があるのか。この問いをもって本書を進めていきたいと思います。

02

「分ける」「混ざる」が生まれる柔軟なカリキュラムデザイン

一人ひとりの複雑な世界を見るために、ヒミツキチ森学園のカリキュラムは年々進化してきました。「分ける」と「混ざる」が学びの中でも、関係性の中でも生まれてくるように、デザインしてあるのが特徴です。一線を超えていく「リーダー」がいろんな場所で生まれるようなデザイン、さらには、子どもたち一人ひとりを大事にする文化。

カリキュラムは生きています。ボクらは子どもの姿から、望む未来を考え続ける必要があるのです。

ヒミツキチ森学園のカリキュラム

本書のテーマに迫る前に、オルタナティブスクール「ヒミツキチ森学園」の話をさせてください。

ヒミツキチ森学園は、２０２０年4月に開校したオルタナティブスクールです。２０２4年度は開校5年目を迎え、多くの子どもたちが日々通っています。ヒミツキチ森学園は、日本の学習指導要領と、オランダやデンマークの教育を混ぜ合わせたカリキュラムをみんなでつくってきました。学びの価値や可能性を高めるために、様々なことに取り組んでいます。もちろん、1年目から自由進度学習には取り組んできましたが、年々、その形は変化してきています。

まずは学びの形ですが、午前中のブロックアワー、午後のプロジェクトアワーに分かれます。午前中のブロックアワーは「**答えのある問いを個人や共同で学ぶ自立学習**※」、午後のプロジェクトアワーは、「**答えのない問いに皆で共創する探究学習**」です。

※ヒミツキチ森学園では「答えのある問い」に取り組むカリキュラムとして「ブロックアワー」という言葉を用いていますが、実際のイエナプランでは正確に二分されるものではありません。

ブロックアワーから見ていきましょう。イエナプランの学びの特徴であるブロックアワーは、一般的な1時間の授業2つ分をつなげた「ブロック」で学ぶことに、その由来があります。子どもたちが自分で学習計画を立てて学んでいくイエナプランでは、この毎日のブロックアワーが鍵になってきます。

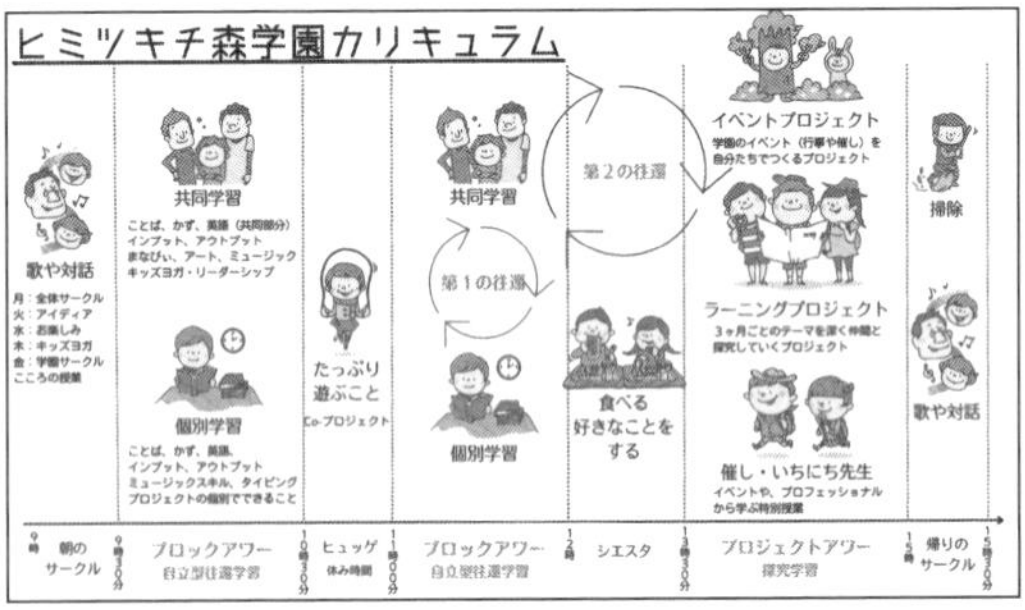

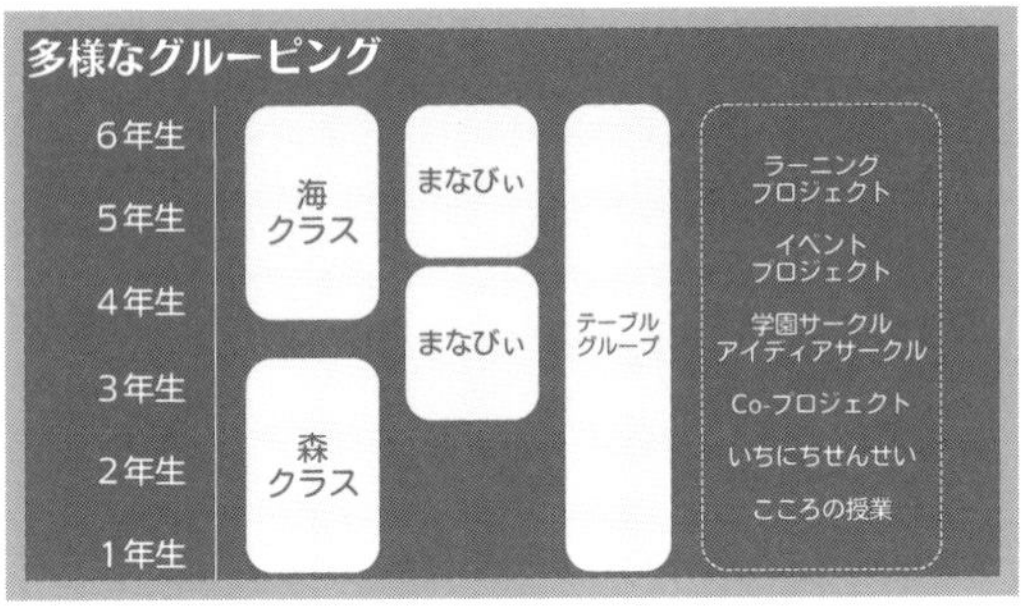

詳しくは、リヒテルズ直子著『イエナプラン実践ガイドブック』と、同訳の『イエナプラン　共に生きることを学ぶ学校』をご参照ください。私たちはイエナプランスクールではないので、イエナプランのことをさらに詳しく学びたい方は、参考文献を読んだり、「日本イエナプラン教育協会」に問い合わせて学んだりすることをおすすめします。

そして午後のプロジェクトアワー

は、イベントプロジェクトと、ラーニングプロジェクトに分かれます。イベントプロジェクトでは、自分たちのイベントを一からつくる体験をします。運動会も修学旅行もすべて自分たちでつくるので、難しさやしんどさも伴います。ただ、ヒミツキチの子たちが、運動会で前代未聞の全14種目を笑顔でやり切ってしまうのも、修学旅行の帰り道に誰も寝ないことも、**自らが「つくり手である」ことを大事に取り組んでいるからでしょう。**

また、ラーニングプロジェクトでは、年間3つある3か月ごとのテーマで、探究を進めていきます。テーマは多岐にわたり、時に社会に訴えるようなスケールの大きなことに挑むため、子どもたちは教科学習とは違う学びに浸ります。また、**絶対に1人ではできないことに取り組むため、仲間と一緒に学んでいく必然性も生まれます。**探究を広く深く進めることが、普通の学校ではできない経験につながり、子どもたちはその中で、壁にぶつかり、一緒に乗り越え、様々なことを学んでいきます。

越境する学びのデザイン

前のページの図でわかるように、ヒミツキチ森学園のカリキュラムは、ブロックアワーとプロジェクトアワーそれぞれのカリキュラム同士が、結びつきをもっていることが特徴的です。次のような意図で学びをデザインしています。

22ページの図を見ていただきたいのですが、異学年で学びつつ、様々なグルーピングがあることにもこだわっています。森クラス（1〜3年生）と海クラス（4〜6年生）というクラス分けなのですが、クラスごとだけではすべての活動が完結できないようになっています。一例を挙げると、午前中のブロックアワーの時間は、どこの場所でも学んでいいことになっているため、森クラス、海クラスが混ざって学んでいます。さらには、火曜日と木曜日は、「テーブルグループ」という、学ぶテーブルごとのグループがあります。このグループでブロックアワーを学ぶ、つまり、場所が半強制的に決まる曜日があることも異学年での学びに一役買っています。そうやって、クラスでの他にも、いろいろな学年と混ざっていく学びや活動を大事にしているのです。

そして、**グループリーダー同士も、越境していきます**。２０２４年度は海クラスの担任をしているボクですが、森クラスのキッズヨガの授業も担当しています。同じくもう１人のグループリーダーである谷津（ちゃき）が、海クラスに授業をする機会もあります。それだけではなく、月に２回の学園サークルでは、交互に主なサポート役になるなど、線を越えていく姿は頻繁に起こります。

こうやって、**「分ける」と「混ざる」が学びの中でも、関係性の中でも生まれてくるようにデザインしてある**のが、ヒミツキチ森学園のカリキュラムの特徴です。

この複雑に混ざり合うデザインは、因果とは一線を画しています。渡邉格・渡邉麻里子著『菌の声を聞け　タルマーリーのクレイジーで豊かな実践と提案』という本の中で、鳥取県にあるパン屋の店主の著者が、「発酵を取り巻く環境は単純な因果ではなく、複雑な縁起で捉えるべき世界だ」と語っています。パンづくりでの発酵１つとっても、そこには複雑に絡み合った世界がある。ボクは教育も同じだと思うのです。**子ども一人ひとりの関係性や学びも、そこには複雑な世界があります**。複雑な縁起の世界を表すには直線じゃなく曲線。だからこそ、デザインには曲線である円を使っています。

本筋とは逸れてしまいましたが、この後のことを説明するために、ヒミツキチ森学園のことを知ってもらいました。詳しくは子どもたちがつくったドキュメンタリーがあるのでよかったら、下のＱＲコードを読み取ってみてください。

03

「自立型往還学習」が一歩先の未来を描く

近年「自由進度学習」が注目され、取り組み始める先生が多い中、もし何らかの壁にぶつかっているとしたら、それは「自由進度学習」単体で語ってしまっている文脈があるからではないでしょうか。個別学習の価値を高めていくのは、共同学習との第１の往還があること、そして探究学習との第２の往還があることだと、実践を重ねて確信しています。

ヒミツキチ森学園ではそれを「自立型往還学習」と名付けて、日々試行錯誤を続けています。

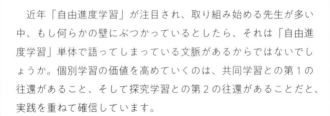

自立型往還学習がもたらす意味

ヒミツキチ森学園の「学びの全体像」を下図に示しました。**それぞれの学びを行き来する時間がデザインされている**のが伝わるでしょうか。

ブロックアワーの時間で学んだことをプロジェクトアワーで生かす。またはその逆も頻繁に起こります。

見学者に話を聞いたときに、カリキュラムが緻密に設計されているという声をいただくことがあります。共同学習の時間が、個別学習の時間での学びを孤立させない効果を生んでいることに気づいていただける機会も増えてきました。

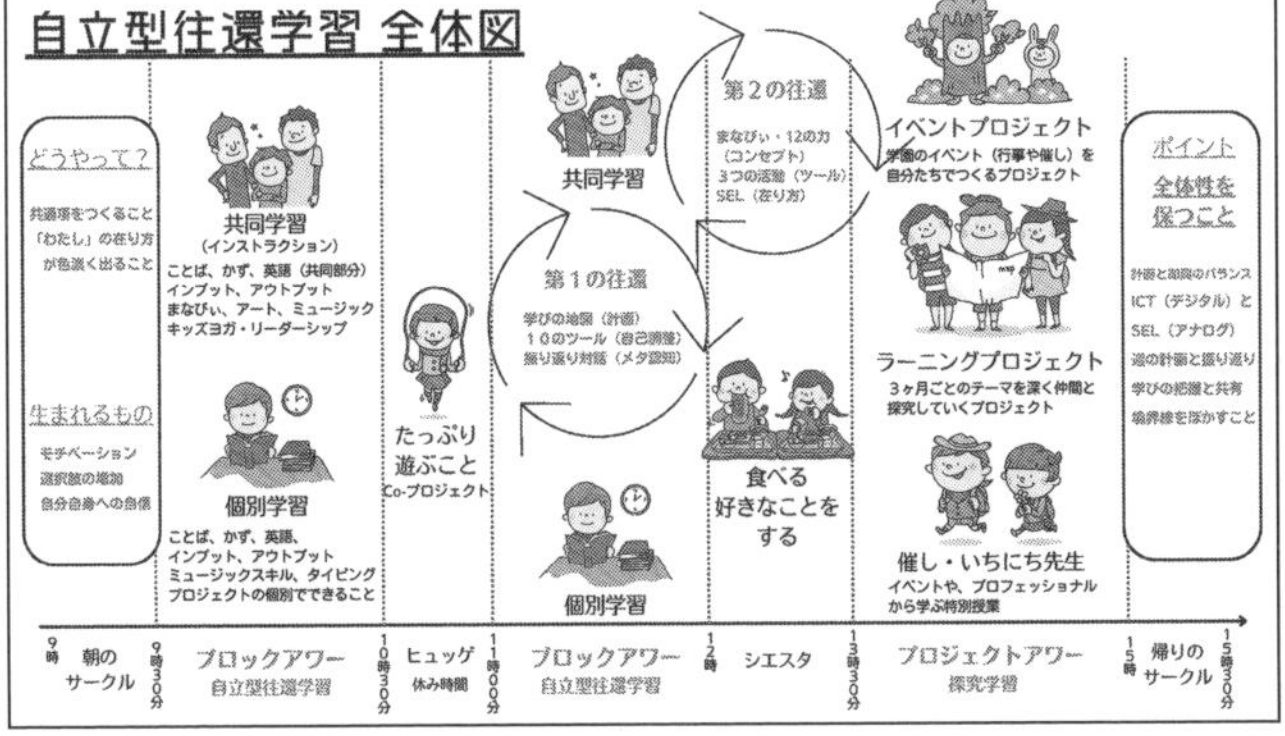

実は、２０２０年の開校当初は、時間割も今とは違ったものを使っていて、探究の時間とブロックアワーの時間は、別々に存在していました。年数を重ね、子どもたちの成長に後押しされる形で、学習自体の充実度が上がり、混ざり合っても学べることが増えてきました。学びが多様になっても、学び続ける体力が子どもたちについてきたのです。

そこで、前ページの図のような行ったり来たりする学びに、「**自立型往還学習**」と名前をつけることにしました。２つの往還がデザインされているのが大きな特徴の１つです。

個別学習の価値を高めていくのは、共同学習との第1の往還であること、そして探究学習との第2の往還であることが数年の実践で見えてきました。イエナプランを学び、知識として理解していた部分を超えて、ヒミツキチ森学園の今の子どもたちの姿から、仲間と考え抜いて試行錯誤してきた成果だと思っています。

いつも大事にしたいのが、カリキュラムという枠があるから、子どもたちが学び出すのではなくて、**子どもたちの姿からカリキュラムをつくる姿勢**です。今、ここで起こっている学びにどんな価値があるのか、どんなことが発展としてできそうなのか、この5年間考え続けてきたことが、自立型往還学習を生み出しました。**ボクらはいつだって、子どもの姿からスタートしたいと考えています**。そして、子どもたちも一緒に、自分にできることを問い続ける…学園全体で探究し続けているのです。

近年「自由進度学習」が注目され、取り組み始める先生が多い中、もし壁にぶつかっているとしたら、それは**「自由進度学習」単体で語ってしまっている文脈**があるからではないかと考えています。

他の学びとの関連性だけではなく、**子どもたち自らが他の学びと往還することによって、その壁は、軽やかに飛び越えていけると確信しています**。

ボクはこの「自立型往還学習」こそが、自由進度学習の一歩先にあるものだと信じています。ヒミツキチで学んでいる子どもたちの姿に手応えも感じています。往還が重要だと感じるのは、人はつながりの中でこそ学び得る生き物だからです。つながりというのは、人とのつながり・身体と心とのつながり・社会とのつながりの3つです。これらは、往還することによって生まれていくのです。

ヒミツキチ森学園を見学したあるオルタナティブスクールの先生が、「こうやって個別学習と探究学習が行ったり来たりを実践しているのって、日本の中でも、ヒミツキチだけじゃないの？」と言ってくれました。もちろん知らないだけで、他にもあるかもしれませんが、豊かに学ぶ子どもたちの姿から「これって自分たちの学園の強みかもしれない」と思ったことが本書を書くきっかけです。

この本は、「自立型往還学習」の価値について、そして学びを生み出すために先生ができるアプローチについて、自立型往還学習を体験している子どもたちの姿を基に、詳しく書かれた一冊です。

次のページから、「自立型往還学習」がなぜ今必要で、自由進度学習を越えた学習のあり方になっていくかを、実践例とともに説明させてください。

04

「自立型往還学習」の有効性

文科省の答申と、ＯＥＣＤのラーニングコンパス両面から、「自立型往還学習」の有効性を探っていきます。

答申では、『授業の中で「個別最適な学び」の成果を「協働的な学び」に生かし、更にその成果を「個別最適な学び」に還元するなど、「個別最適な学び」と「協働的な学び」を一体的に充実し、「主体的・対話的で深い学び」の実現に向けた授業改善につなげていくことが必要である』と述べられています。まさしく「自立型往還学習」そのものを表しているのではないかと感じています。

さて、もう少し幅広く捉えて、どうして「自立型往還学習」なのかを考えてみたいと思っています。

文部科学省の考える方向性から捉える

文部科学省が2021年の1月に出した「『令和の日本型学校教育』の構築を目指して～全ての子供たちの可能性を引き出す、個別最適な学びと、協働的な学びの実現～（答申）」を見てみましょう。

「個別最適な学び」は、子どもたち一人ひとりの学習進度や興味、関心に合わせて、最適な学習体験を提供することを目指す学びの在り方です。この資料において「個別最適な学び」は次のように述べられています。

全ての子供に基礎的・基本的な知識・技能を確実に習得させ、思考力・判断力・表現力等や、自ら学習を調整しながら粘り強く学習に取り組む態度等を育成するためには、教師が支援の必要な子供により重点的な指導を行うことなどで効果的な指導を実現することや、子供一人一人の特性や学習進度、学習到達度等に応じ、指導方法・教材や学習時間等の柔軟な提供・設定を行うことなどの「**指導の個別化**」が必要である。

基礎的・基本的な知識・技能等や、言語能力、情報活用能力、問題発見・解決能力等の学習の基盤となる資質・能力等を土台として、幼児期からの様々な場を通じての体験活動から得た子供の興味・関心・キャリア形成の方向性等に応じ、探究において課題の設定、情報の収集、整理・分析、まとめ・表現を行う等、教師が子供一人一人に応じた学習活動や学習課題に取り組む機会を提供することで、子供自身が学習が最適となるよう調整する「**学習の個性化**」も必要である。

これらを体現するのが「個別学習」「共同学習」にあたります。文科省が促す「カリキュラムマネジメント」による柔軟な学習課程の中で、この2つを行ったり来たりすることで、その価値はさらに高まります。

一方の「協働的な学び」は、子どもたち同士や地域社会の人々との協力を通じて行う学習であり、個々の生徒が他者を尊重しながら協力し、共に学ぶ力を育むことを目的としています。「協働的な学び」については、次のように述べられています。

「協働的な学び」においては、集団の中で個が埋没してしまうことがないよう、「主体的・対話的で深い学び」の実現に向けた授業改善につなげ、子供一人一人のよい点や可能性を生かすことで、異なる考え方が組み合わさり、よりよい学びを生み出していくようにすることが大切である。「協働的な学び」において、同じ空間で時間を共にすることで、お互いの感性や考え方等に触れ刺激し合うことの重要性について改めて認識する必要がある。（中略）

ここでの協働的な学びが、まさしくプロジェクトアワーとの往還を指しており、仲間と時間をともにすること、その積み重ねがＡＩにはできないものとしても捉えることができます。さらに続きを読んでいきます。

学校における授業づくりに当たっては、「個別最適な学び」と「協働的な学び」の要素が組み合わさって実現されていくことが多いと考えられる。各学校においては、教科等の特質に応じ、地域・学校や児童生徒の実情を踏まえながら、授業の中で「個別最適な学び」の成果を「協働的な学び」に生かし、更にその成果を「個別最適な学び」に還元するなど、「個別最適な学び」と「協働的な学び」を一体的に充実し、「主体的・対話的で深い学び」の実現に向けた授業改善につなげていくことが必要である。その際、家庭や地域の協力も得ながら人的・物的な体制を整え、教育活動を展開していくことも重要である。

まさに、「個別と共同（協働）の往還」が大切であることが書かれています。
ただ、「そうは言われてもこれってどうやるの？」が、答申を読まれたときに浮かんできた問いではないでしょうか。本書はその疑問に丁寧に答えていきます。

ＯＥＣＤのラーニングコンパス

２０５０年の子どもたちの在り方を打ち出したＯＥＣＤのラーニングコンパスの中にも明確に「変革的コンピテンシーとして、より良い未来の創造に向けた変革を起こす力に必要な要素として、**新たな価値創造、緊張やジレンマの調和、行動に責任を持つこと**です」という言葉が紹介されています。

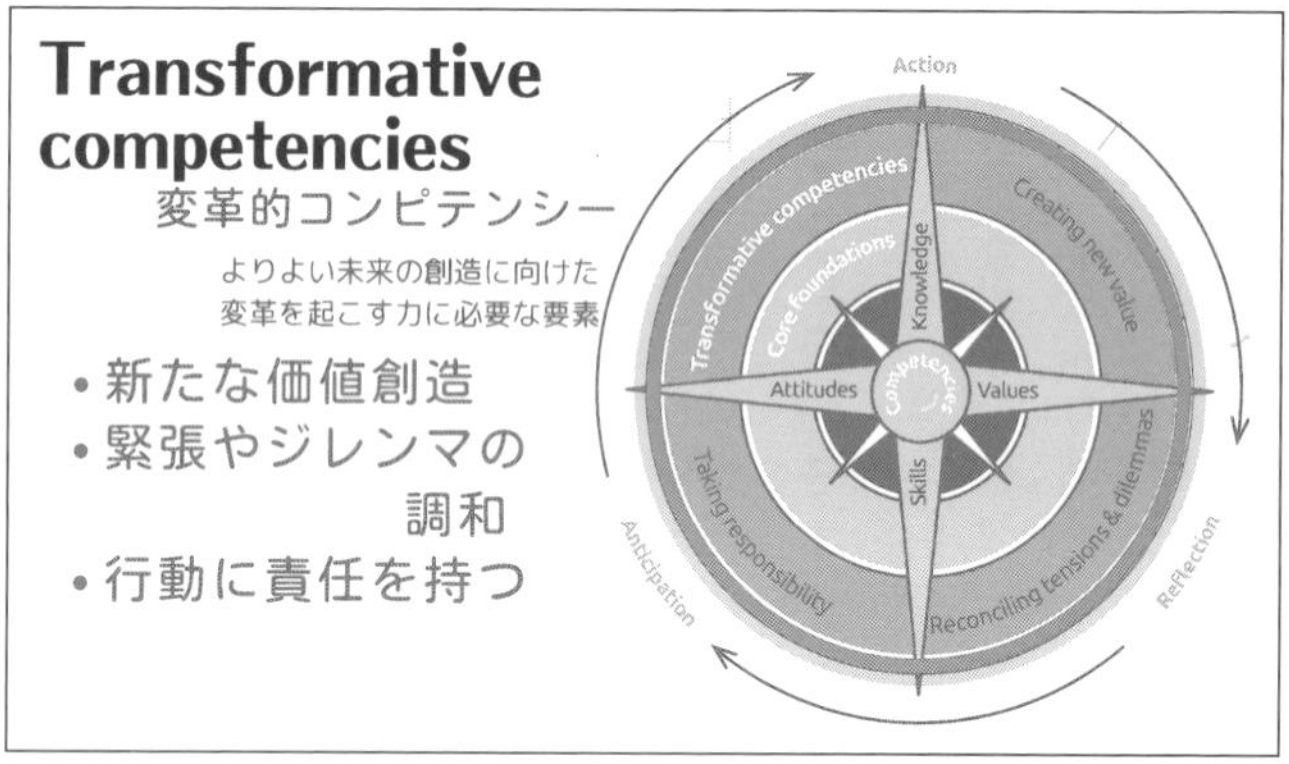

これらは、学びの在り方も今まで通りというわけにはいかないことを示唆しています。

今までの学びは、先生が子どもたちに手渡していたものが多かったのです。しかしながら、それだと、ジレンマや新たな価値創造は生まれません。

学びの過程でジレンマが生まれるためには、子どもたちが学びを創造していく必要があります。しかしながら文科省の答申にあるように、今までの日本の教育のよさは残しておきたい…。

そうなると、基礎的な学力や学ぶ方法を身につける「個別最適な学び」と、ＰＢＬ等を中心とした探究学習による「協働的な学び」とを行ったり来たりさせるという、複雑性の中に子どもたちが身を置く必要があるのではないでしょうか。

今までの日本の教育の学びは、丁寧すぎたのかもしれません。「わかりにくいことをなくす」ために、優しく手渡されてきた教育とも言えるのではないでしょうか。丁寧に細切りにしたスキルや知識を手渡すことで、子どもたちが成長していく…、そのモデルはある意味では正解です。

ただ、切り取られた「部分」を提供され続けると、**子どもたちが捉える全体性は失われます。**全体性を失った学びはジレンマには至りません。**葛藤やジレンマに直面し、そこを乗り越える経験をした子どもたちこそ、成長し社会に出たときに、その力を発揮できるのでないでしょうか。**

自分たちでつくること、課題に直面しもがくこと。そういった泥臭いプロセスの中に本物の学びは眠っているのだと思います。

05

自立型往還学習の実践を どうつくっていくか？

共通項をつくること、「わたし」という在り方が学びの中に色濃く出ること、この２つが実践をつくるキーポイントになります。丁寧に実践を重ねることで、子どもたちの学びの選択肢が広がることと、生かし合う場を生み出すことにつながります。

自信も葛藤も生まれる自立型往還学習。ただ、それが子どもたちらしさを引き出していて、社会に通じる学びになるのではないでしょうか。

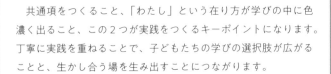

「自立型往還学習」の実践は、どのようにつくっていくのでしょうか。本書ではそれを細かく書いていきますが、全体像として捉えておいてほしいキーワードが2つあります。

共通項をつくる

まず1つ目のキーワードは、「共通項をつくる」です。2つの間を行ったり来たりする学びをつくるためには、**学びの中に共通する部分を生み出す**ことが必要です。交わるための共通項には次の3種類があります。

・学習内容　…2つの学習を往還する内容
・コンセプト…目指す姿、大切にする活動
・ツール　　…10の学び方、学びの地図など、子どもたちが活用できるもの

従来のクロスカリキュラムでは、学習内容が重視されてきました。国語の学習で学んだことを総合的な学習の時間で活用するために、単元をマネジメントするという発想です。ただ、これは先生から見た、先生がする努力であり、そうではない学習内容の往還が必要になります。

「自立型往還学習」として特徴的なのが、コンセプトやツールを共通項とすることです。

コンセプトは、ヒミツキチでは「12の力」を学びの中心に置いています。学ぶためというよりかは、自分のどまんなかに近づくために、一人ひとりが大事にしていくことです。学園がどのような姿を目指すのかのコンセプトも、自立型往還学習に一役買っているのです。

皆さんの学校にも、学校教育目標や学級目標など、目標と名前がつくものがありますよね。それらをきちんと学びの中に入れるのです。ボクは、学年の中、学級の中で、これらのコンセプトを学習内容に混ぜていくという視点を得て実践してきました。202ページで書いているプログラムデザインがそれで、ヒミツキチの学びでもコンセプトが生かされています。

ツールについては、「学び方のツール」だと考えてください。子どもたちが使う学びに必要なものを共通項として、どちらの学びでも使っていきます。10の学び方や学びの地図（いずれも後述）といった、共通項を生み出すのに役立つアイテムは、各章で詳しく説明していきます。覚えておいてほしいのは、**共通する部分を生み出し、行ったり来たりが生まれやすくすること**…それをデザインできるのは先生だけです。

「わたし」という在り方が色濃く出ること

従来の学習では、この部分について触れられることはなかったと思います。わたしが学習の中にどうあるか…「自立型往還学習」では、このことを大事にしています。

みんな同じ学習状況「全員が初めて習う状況」というあり得ないものではなく、一人ひとりの「学びの現在地が違う」ところからスタートします。さらには、一人ひとりの学び方も違う…その学び方に合わせた学習内容の選択や、教材の選択にもこだわります。

先生も「わたし」のうちの1人です。先生は何が得意で、何を苦手としているのかも、授業の中に現れてこなくてはいけません。ボクはＩＣＴを使った実践から、子どもを多面的に見ることは得意ですが、子どもの気持ちや感情を捉える力はそんなにある方とは言えません。主観的にというよりかは、客観性を大事にして、子どもたちの学びを見ていくことを意識しています。何となくみんながよいと思っている理想の先生像の集合体ではなく、「わたし」がどうその場にいるかをより意識しています。

また、詳しくは第4章に書かれているのですが、身体と心がオープンになっていること、振り返りに寄り添うこと、学びを多くの目で眺めることも、学びの中で「わたし」が色濃く出ることにつながっていきます。

ブロックアワーの学びでも、プロジェクトアワーの学びでも、**「わたし」がどう在るかから始めていくこと、大事にしていくことが、そこから先の人生の中で、自分自身をどう大切にするかにつながるのではないでしょうか。**

自立型往還学習で生まれるもの

これらの手立てをとっていくと子どもたちはどう変わっていくのでしょうか。**学びの選択肢が広がることと、生かし合う場を生み出すこと**がその答えになるはずです。

ヒミツキチでは、ずっと個別学習ではなく、自分のペースやタイミングで、一緒に学ぶことを選択していきます。一人ひとり学びの内容が違うため、時間やタイミングを合わせる必要がありますが、こうやって、ブロックアワーの学びの中であっても、プロジェクトの学習を組み込めることは、モチベーションになっています。**自分の学びの中に、成し遂げたいプロジェクトのことを入れることができる**…それが力になると話してくれた子もいました。卒業していったある子の言葉が今も残っています。

「ヒミツキチの学びで一番よかったのは、自分で選べること。自分の選択に自信がもてること。大変だけど、選ぶってことは、本当に自分にとっては大きかった」

学びを生かし合う機会は、ヒミツキチ森学園の「自立型往還学習」の特徴です。**自分の学んでいる（一生懸命な）ことが、役に立ったという実感は、他の学びにも応用することができます**。境界線がなくなった学びは、より広がりを見せることになるのです。

この2つによって何が生まれるかというと、**学びへのモチベーションと、自分に対する自信**です。選ぶこと、混ざることは、自分自身の学びが楽しくなるたくさんのフックを生み出します。どのフックにかかるかは、自分しか知らないこと。でも用意されたフックではなく、自分でかけにいくフックを得ること、この2つは全く違うのです。

学びを行き来するというのは、個と集団の両方の学びを味わうこと。個人での頑張りも、仲間との共創も、両側面から、子どもたちが自分自身を発揮する機会が増えていくことになります。そうなると、自分自身に自信がもてて、生き生きした表情を学びの中で見せてくれるようになるのです。「ヒミツキチの子たちっていい顔しているんですよね」。それって自立型往還学習の学びからきているものなんじゃないでしょうか。

COLUMN 1
公立時代の学びの探究

公立小学校で先生をやっているときに、力を入れてきたのは学級経営だった。本文の中でも書いたように、授業よりも成果が早く出るから。授業はどの先生も毎日行うが、学級経営は意図して学ばないと上手くならないため、自分の強みになるとも思った。

じゃあ授業は何もしていなかったかというと、それもまた違う。他の先生が５年、いや10年に一度のペースで任される区や市の授業発表については、３年に１回のペースで任されていた。しかも様々な教科で（笑）。オールマイティと言えば聞こえはいいが、使い勝手がよかったんだと思う。ただ、学び方をもっともっと知りたいと、実践を重ねてきた。

指示や発問、板書などを磨いた最初の学校。途中から「作家の時間」「読書家の時間」の実践を、プロジェクトワークショップのチームに入れてもらいながら学んだ。長野県にある軽井沢風越学園の岩瀬先生、甲斐崎先生を始め、翻訳家・著述家の吉田新一郎さんの考え方からも多くを学ばせてもらった。ワークショップ型の授業は、ヒミツキチの学びの礎にもなっている。

また『学び合い』や自由進度学習についても２校目以降で取り組んだ。クラスでやっていたことも、学年に広げて取り組んだこともあった。横浜市に自主的な学びのコミュニティをつくり、実践する仲間と共に時に数年かけて研究することもあった。授業案ではなく、実践したものを持ち寄って、お互いの授業に必要なものを学び合った。イエナプランにのめり込んだ公立最後の数年では、低学年でも対話をベースにした学びを展開できた。

今思うこと、それは、授業だけを高めようと思っても決してうまくいかないということだ。学級経営も一緒に取り組む必要があるし、２つが両輪のように連動している必要がある。子ども同士の関係性が学びの中に関係してくるのは、前の２冊の著書で書かせてもらった。それ以上に、先生自身の人格、人間性も試される。

ここでも部分ではない、全体性の中で自分を、相手を高め合っていけるか。教育は「共育」の側面をもち、私がもっているものと相手がもっているものを響き合わせ、お互いを育み合っていく。

だから、公立もオルタナティブも、場所は関係ない。同じように「私」のもっているものと子どもたちのもっているものをどう響き合わせるかだけなのだ。

子どもたちの学びに関わる旅に終わりはない。これからもまだまだ探究し続けていきたい。

第1章

「個別学習×共同学習」の往還を生む学びの在り方

01 「学びの地図」で主体的に学びを組み立てる

第1の往還が、**ブロックアワーの中で起こる、個別学習と共同学習の往還**です。この往還に一役も二役も買ってくれているのが、「学びの地図」です。**子どもたちにとっての「学びの地図」は、学びを自分でつくるコンパスのようなもの**。この地図も今の形になるまでにたくさんの変化を遂げて次のページの形に落ち着きました。この地図について、いくつかの項目に分けてご説明します。

学びの地図の構成要素について

ヒミツキチ森学園の子どもたちは学びの地図を、週の計画、毎日の学び、週の振り返り

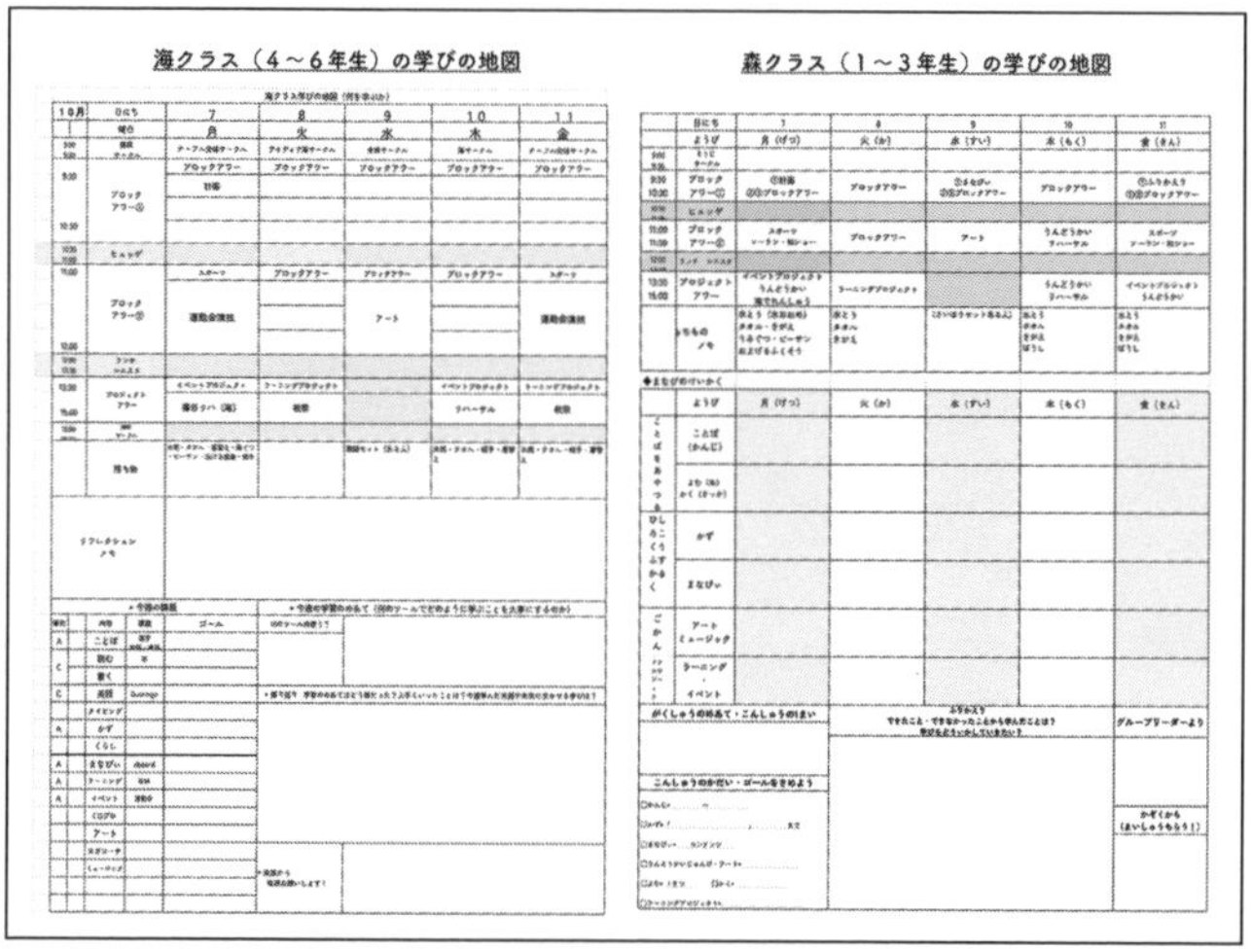

の際に活用しています。

週の計画では、前の週の振り返りとグループリーダーとの課題設定を基に、自分で週の計画を立てます。

・どうやって学ぶのか（何を大事にするのか）
・どの課題をどの時間に学ぶのか（いつ学ぶか）

について、細かく計画していきます。

毎日の学びでは、計画した自分の地図を見ることからスタートします。「今日の学びは何か」、「前日までの学びの残りや終わっているところはないか」、学びの地図自体が、自分の学びの指針となります。

一人ひとりが自らつくっている学びの計画は、舵取りも自分たちに任されます。

しかし、ゴール地点がわからないのに走り出すことはできません。どこに向かうのかを見失ったままとりあえず始めることは、大きなロスや意欲の低下にもなるでしょう。**明確なゴール地点が地図を使って見えていることで、そこに向かって走り出すことができます。**今日の自分はどこに向かうのか、地図はいつも大切なことを教えてくれます。

海クラスでは、週の振り返りのために、「リフレクションメモ」を活用している子もいます。気づいたこと、残しておきたいことを学びとして書いておきます。これを基に週末の振り返りでじっくりと振り返ります。リフレクションメモは、その材料となるのです。

週の振り返りは、１週間の学びを俯瞰して捉えます。
・学習のめあてはどう役立った？
・来週や未来に生かすことは？
・今週学んだことで残しておきたい学びは？
これらの項目に沿って、子どもたちは振り返っていきます。
振り返った後は、グループリーダーと１対１で話す時間をとります。
・今週の学びの進度チェック
・振り返りでさらに深めていきたいところ
・来週の課題設定
これらのことを一人ひとりとやりとりすることには当然時間がかかります。しかし、時間をどれだけかけてもかけすぎということはありません。それぐらい、**学びの地図と地図を使ったやりとりは、ヒミツキチの学びを支えています。**

海クラスの学びの地図の組み立て方

海クラス（4〜6年生）では、次のページにある図のような手順で、学びの地図を作成しています。

大事なポイントは、**「どう学ぶか」を先に設定していること**。前週の振り返りや、親チーム（保護者）からのコメントを基に、自分がどう学ぶかを最初に設定します。その学び方によって、何を学ぶか、どの時間に入れるかが決まってきます。

慣れていないと、子どもたちは何をいつ学ぶかを感覚で当てはめて、めあてを最後に書いて終わってしまいます。めあてを意味のあるものにするためには、最初に様々な要素を考慮して「どう学ぶか」を考えていく必要があります。

「あなたは今週どんなことを大事にして学ぶか」

従来は、自由に選べず共通のめあてとして黒板に書いてありました。しかしながら、一番大事なのが、**今週の学びをどのようにしていきたいかを子ども自身が設定する**ことではないでしょうか。

子どもにそれを決めてもらうのが難しい…。そう思った方は、ヒミツキチ森学園をぜひ見学に来てください。どのように学ぶのかについては、**自分の学び方の癖を生かすこともできます**。試してみて、自分に合っているのかを判断することもでき、自分を深く知ることは楽しいはずです。

今日はここまでみんなとやり切る…そんな先生が引っ張り上げる学びを、否定はしません。私もこれまではそうやって子どもたちの成長を支えてきました。

でも、**自分で選べるからこそ、主体的な学びになります。自分で決めるからこそ、その責任を負おうとするのです**。

主体的に学ぶ姿勢は、子ども自身が学びの中のあらゆるものを自分で設定することから始まります。

海クラス版 学びの地図の作り方
①自分の課題のゴールを数値化
②インストラクションの予定を書き入れる
③今週のめあてを先週の振り返りから考える
CHECK IT OUT
④今週の課題をいつやるか記入
⑤課題は全部入ってる？やりきれそうか確認する
⑥GLに提出して対話する

02 「学びの地図」を子どもたちはどう使う？

週の計画を自分で立てる

1週間の計画は、「どのように学ぶか」からスタートします。次に、「インストラクション」をチェックしながら、友達やグループリーダーと一緒に学ぶ時間を記入して、計画に入ります。

後ほど詳しく話しますが、ここで子どもたちは、他の子のところに相談をしに行きます。相談の内容はというと、「プロジェクトの学びをどの時間に入れるのか」です。前述したように、週の計画の中には、午後のプロジェクトアワーにおいて、個人でできることも入

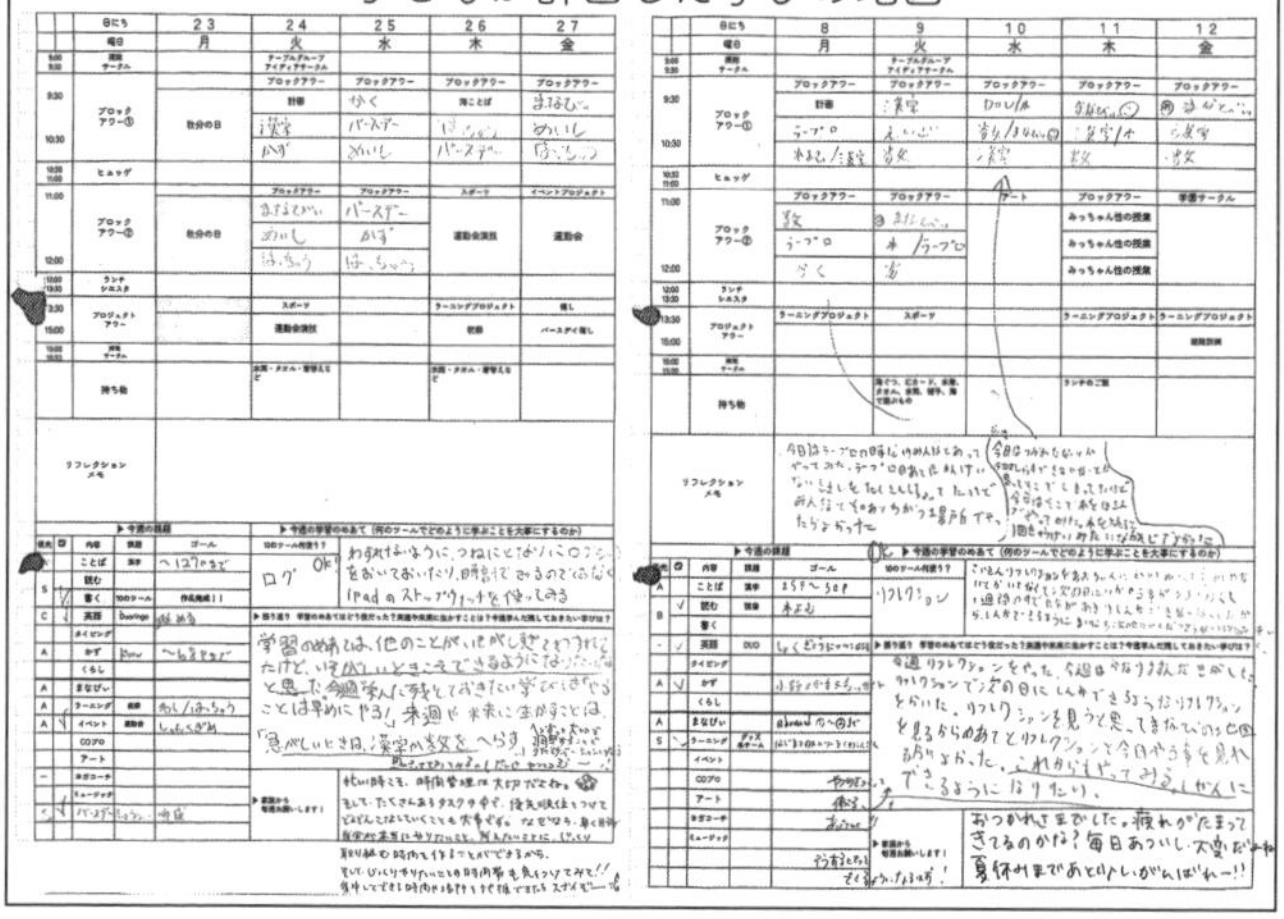

子どもが計画した学びの地図

ってきます。この、「個人でできること」が、仲間と一緒にやることで進むならば、友達と一緒の時間帯に計画をしておくことが多いのです。

「水曜日の2コマ目にラーニングプロジェクトを入れよう！」

といったように、プロジェクトの同じチームの子どもたちに相談しに行きます。

このようにして、週の計画が完成してきます。完成した地図はグループリーダーとチェックして確かめたら、今週の学びがスタートです。

週の計画は早い子で15分ほど、時間がかかる子でも30分ほどで計画しています。

森クラス→海クラスへの地図の進化

学びの地図は、最初からスムーズに作成できるものではありません。そこには個別のサポートと、毎週の計画の積み重ねが必要になります。

1年生は、まずは「取り組んでみて、できたかどうか」をチェックすることからスタートします。計画よりも、実施してどんなふうにできたかを記録していきます。慣れてきたら○印をつけるなど、簡単な計画から始めます。3年生ごろから、インストラクションも多く入るようになり、計画も多様になっていきます。5・6年生になると、次の例のような「自分の特性」も合わせて計画しています。

・漢字を最初に入れた方が、エンジンがかかりやすい
・グループで取り組む学びと、1人の学びとでは、場所を変えた方が捗る
・タイマーを使うことが自分には合っていて、学びの集中力が上がる

自分の状態や特性に合わせて、地図を計画できるようになっています。

日々の学びの中で、「え、今そんなことやっていていいの?」と口を出したくなることもしばしばあります。しかし、そこはグッと我慢しています。誰かの学びの邪魔になっていたら伝えるようにしますが、個人的にうまくいっていないことについては、記録しておいて、週の終わりの振り返りの際に話題に出します。

毎週繰り返し積み重ねていくので、多少の「うまくいかない」は流します。次の週に自分で気づき、変えていけることを期待しながら、子どもたちの学びをサポートしています。**大人に変化させられたことには大きな意味はなく、その子自身が、自分から変える一歩に意味があるのです**。

1年生のときには、自分ができたことだけを書き込んでいた子も、学年が上がるにつれて、自分の学びを細かくコントロールできるようになります。

これらはすべて、「学びの地図」の形を真似すればうまくいくという簡単なものではありません。グループリーダー(担任)として、子どもたちの学びがどんな状態にあるのか、どんな環境を設定していく必要があるのか、常に考え続ける姿勢が大事です。

スキルだけではなく、その子がどうやって学びの場にいるのか、五感を使って感じ取っていきます。子どものそばにいる先生だからこそ見えている世界があるのです。先生はこの後の章で述べていくような、様々な役割を往還しながら、子どもたちの多様な学びを支えていく存在なのです。

週の振り返りでグループリーダーがやること

毎週金曜日にある「週の振り返り」は、子どもたちが書いてきた振り返りを基に、グループリーダーと子どもで対話をして一緒に深めていく時間です。

子どもの振り返りの言葉を聴きながら、明確でなければ「今週一番の学びだったのは何？」「来週に残しておくとしたら？」などのように掘り下げていきます。また、もう少し深掘りしたいときも、続けていくつか質問することもあります。自分の学びが言葉になっていない子に対しては、その言葉を補うようにしながら、

「自分の学びを記録していたから、やる気になっていたんだね。記録を取ることが意欲につながるんだ」

と、その子自身の学びを一緒に可視化していきます。

時に子どもたちは、自分の現在地の把握が曖昧になることがあります。

「あれ、これやるって話していた分はどうなったんだっけ?」

「漢字を10ページ進めるためには、どんなことが必要だと思った?」

現在地の把握の甘さを指摘して、一緒に解決法を考えることもあります。

自分が立てた目標や課題に対して、向かっていくには何が必要か、何を考えていく必要があるのか、学びのコーチとしての役割も、グループリーダーが振り返りで担う役割の1つです。

時に励まし、時に現実を突きつける厳しさをもち、グループリーダーは子どもの学びに寄り添います。毎週毎週のこの時間が、子どもたちの翌週の学びにつながっていく…**それは、自分の学びを形づくる本当に尊い時間です。**一人ひとりとの対話には多くの時間が必要になります。しかしこの時間があるからこそ、子どもたちは自信をもって学んでいけるのです。

03

共同学習との往還を生み出す「インストラクション」

共同学習がどんな形で行われるか

計画的な共同学習についてはインストラクションとして子どもに示しています。次のページの表を見てください。囲み枠で示されている「Feel度Walk」や「アート」「学園サークル」などは、学園全員が一緒に取り組むものです。ブロックアワーとしてではなく、１つの短い授業として扱っています。

矢印があるものは２コマ続くものです。１コマが20分ですから、かなり目まぐるしく、インストラクションを行っているのが、わかってもらえるはずです。

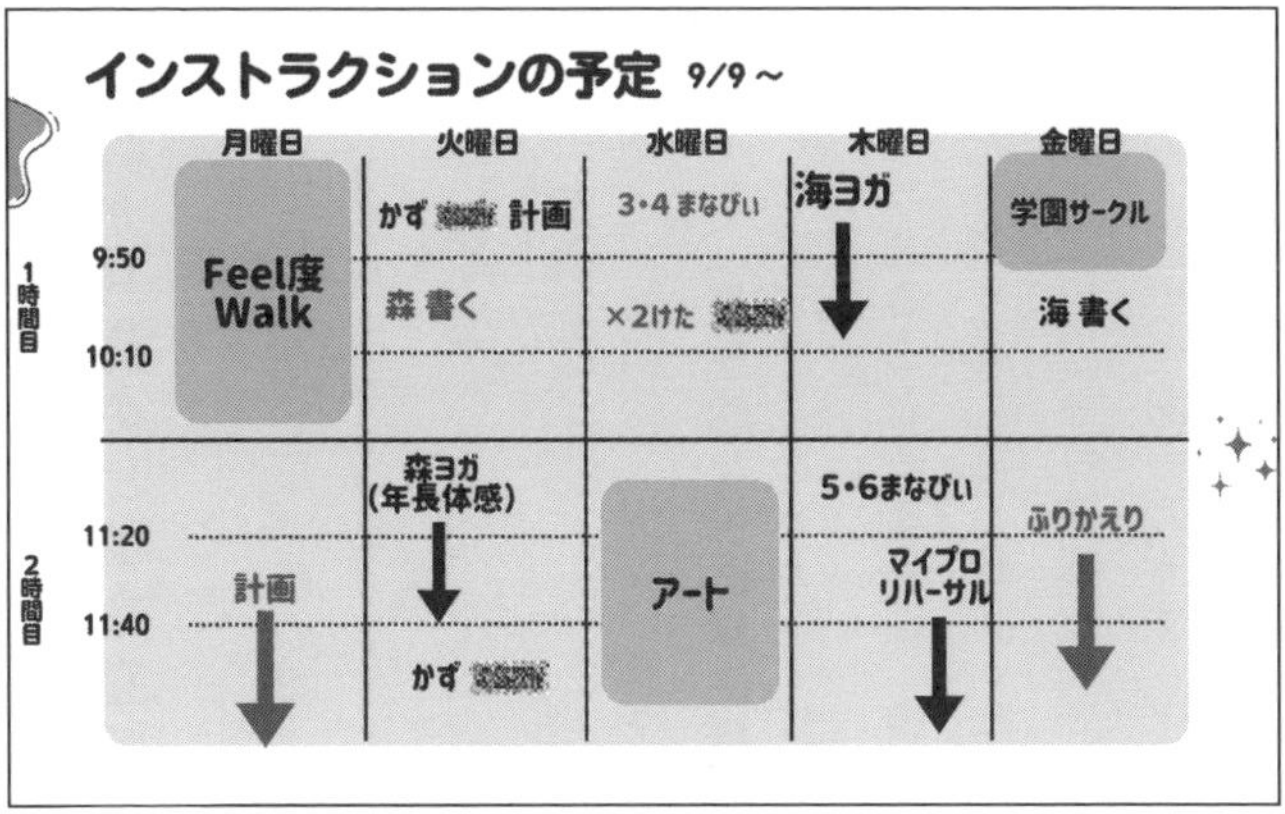

この状況を頭でイメージしてみてください。例えば、木曜日の2時間目1コマ目の「5・6まなびぃ」を想定してみます。

この時間は、5・6年生を集めて、ボクがまなびぃ（69ページ参照）の授業を担当しています。5・6年生だけ別の部屋で学習をしています。他の部屋では、5・6年生以外が、それぞれの自分の学びを進めています。選んだものを自分のペースで、自分の方法で学んでいます。

次の時間では、マイプロ（夏の宿題）でのマイプロジェクトのリハーサルをボクが担当します。

グループリーダーと一緒に共同学習しているまわりで、自分の学びを個別学習として行っている子がいる…、そんな混ざり合った状態が日々続きます。

このようにして週単位の学びを計画していきます。

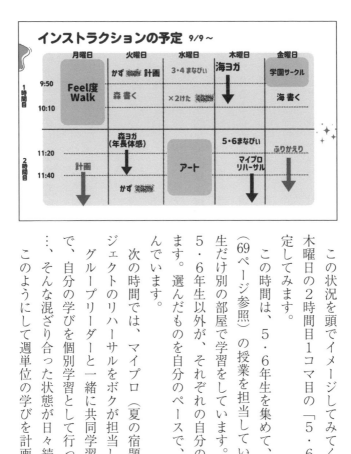

数か月先のピンを立てる

続いて、長期的な学びの視点について解説していきます。例えば、学園で使っている「かずのロードマップ」には、算数の全体像が示されています。「eboard」というアプリを学習に用いているのですが、1～6年生までのかずのロードマップを用いて、「3か月先は?」「半年先は?」と、長期的にどこまで学びたいかを設定します。半年後にどこにいるか…、長期的な視点に目を向けるのは大事なことです。

ただし、**長期的な視点は直線的な思考も生みがちです**。「まだこんなにあるのか…」という感情に子どもたちの思考は負けてしまうことも…。**遠くから今を見る視点は、エネルギーを与えることもあれば、時にエネルギーを奪ってしまいます**。だからこそ、小学校では、先生が主導して1時間1時間を組み立てていくのです。

つまり、毎日・毎週の短期的な視点と、数か月先の長期的な視点とを往還しながら、進んでいく必要があるのです。またそれはプロジェクトアワーでの学びとの往還にも現れてきます。

04

「振り対話」が学びを加速させる

振り返りについて皆さんはどのようにお考えでしょうか。ボクは常々、振り返りには「良質な問い」が必要だと考えてきました。子どもたちに振り返りを書いてもらう際にも、良質な問いの用意は欠かせません。ただ、ヒミツキチ森学園に来て、振り返りの重要性をさらに認識して以来、**その問いも個別化されたものが必要だ**と考えるようになりました。

そこで意識するようになったものが「振り返り対話」です。

子どもたちが振り返りをする際に、一番近くで見ている先生が、その子に個別の問いを提供していく。スキルというよりも、その子の必要なものを感じ取り、感覚や感情を掘り下げ、言葉のキャッチボールをしていくイメージでしょうか。個々の学びに寄り添うには、振り返りを深める対話がとても重要になります。

ある日の振り返り対話

ある日の振り返りについて、子どもとの対話の様子を見てみましょう。

あお　今週どうだったー？

子ども　課題に追われちゃって終わらなかった。ラジオ局見学のまとめもあったし…？

あお　ラジオ局の発表、すごくわかりやすかったー。ちなみに、やることがいっぱいのときって、頭の中どんな感じ？

子ども　うーん、どうすれば課題ができるかって問いをもってる。

あお　すごい！　どうしよう…じゃないんだね。前向きな問いをもつって大人も難しいんだよ。それをもてるのすごいね。

子ども　でもどうしたらいいかが見えてこないんだよね…。

あお　そっかそっか。でもその次を考えてるのは、ほんと尊敬します。１週間って単位が少し長いのかも。１日単位で使うツール変えてみるのはどうだろう？

子ども　そっかぁ、今週はずっと『時間を使う』（125ページ）でタイマー使って学んでたんだけど、課題（教科）によって変えるのもありだね！

あお　ボクはその日によってという1日単位で考えていたんだけど、教科もありだね。その発想あとでみんなにシェアさせてもらっていい？

子ども　うん、もちろん！

あお　ありがとうねー

子ども　ううん、ありがとう。来週もよろしく。

いかがだったでしょうか？　このような対話を一人ひとりに合わせていかに組み込んでいくかが振り返りの質、ひいては子どもたちの学びの質を左右していくのです。

本当の振り返りは学びの質を上げていく

昨年度ぐらいから、研究講師として公立小学校にお邪魔させていただくことがあります。現場でたまに見かけるのが、「とりあえずの振り返り」です。

「学習が終わりに近づいたから、今日の学びを振り返りましょう」

これは意義のある振り返りと言えるでしょうか？

「授業におけるふりかえりの実践的研究」の中で武庫川女子大学教授の森脇健夫氏（2021）は、「ただ単に『今日の授業のふりかえりをしましょう』では、感想を書くことだけになりがちになる。さらにはふりかえりがいつしか形式的なものに堕ち、『ふりかえりでなく（教師がのぞむ）なにものか』にすり替わっていく可能性すらある」と述べています。まさしくこのような状況は広まりつつあるのです。

また、同論文の中で、「ふりかえりそのものをそのまま終わらせるのではなく、教師のコメントによる対話、あるいは、学習者どうしの相互評価の対話に載せることによって、ふりかえりを深める実践がある。それが結果的には深い学びの実現につながる」とも述べています。

ここでは、「教師のコメントによる対話」や「学習者同士の相互評価の対話」とあるのですが、コメントではなく本当の対話として関わっていくことが、非常に重要だと考えています。

意味のある振り返りに必要な要素とは何でしょうか。ボクが考えるのが次の2つです。

・毎日・毎週必ず行うなど、定点での振り返りがあること
・個別での対話があり良質な他者が入ること

定点での振り返りでは、1回勝負ではないということ。たとえその週の振り返りにしっくりきていなくても、子どもたちの学びはずっと続いていきます。ずっと続いていくから、翌週の自分に期待していくことができる…。「学びの継続性」は、大人にも子どもにも良質な効果があります。1回きりの振り返りではなくて、ぜひ毎時間行ってみてください。

そしてタイミングも最後に統一するのではなくて、いろんな場面を試してください。子どもたちは**常に振り返りながら学んでいます**。学習のはじめにも途中にも振り返りは生まれているのです。もし、そうではない状況がクラスの中で見えたら、それは学習の形自体を問い直す必要があるはずです。

また、他者が入る振り返りは、一人ひとりに最適化された「振り返り対話」の本質です。**一斉の問いではやはり一人ひとりに最適な問いとは言い難い部分があります。AIの活用も教育現場で始まっていますが、ここは先生の感性が必要な場面だと思っています。**

そばにいる先生が、子どもの状態や言葉一つひとつに応じて、出せる言葉は変わっていきます。毎週毎週繰り返していくのは、先生も同様。授業の力以上に、**これからは振り返りに寄り添う力も先生には求められる**のだと思います。

ただし、個別での振り返りを学校現場に入れていくのは難しさも伴います。ボクらのような小さな学園でさえ、金曜日のブロックアワーが終わったあと、ランチを食べながら、という形で時間をつくり、一人ひとりと対話しているからです。

しかし、だからと言ってすぐに諦めるのはもったいない。拙著『先生が知っておきたい「仕事」のデザイン』で書いたのですが、ボクは公立小学校時代に、毎日朝と帰りに、子どもたち全員と話す実践をしていました。1人換算では少ない時間ながらも、実際にそのやりとりは、教室の在り方を変えていきました。

振り返りだって同じようにできるはずなんです。毎週全員とではなくても、1週間でクラスの半分とは話す時間は確保できるかもしれません。翌週もう半分と話すことで、2週に1回は全員と話せるようになります。**子どもたちにとって意味のあるやりとりとは何かを問い直し、教室の中で絶えず試していく中にしか正解はないのです。**

05 共同学習と個別学習で行われていること

先ほどインストラクションで示された「共同学習」の中身について見ていきましょう。仲間やグループリーダーと一緒に学ぶ共同学習については、ヒミツキチでは必ず参加する学習という位置付けです。今後、自由に参加できるものも取り入れていきたいと考えていますが、今はクラスの人数や学習の頻度などを考慮すると、「必ず一緒に学ぶ場」としてのインストラクションの形になっています。

共同学習には次のような種類があります。

・書く時間・読む時間
・かずの共同学習

・まなびぃの時間
・ヨガやコーチングのSELの時間
・その他、英語学習／アート／スポーツ／ミュージック　など

書く時間・読む時間

公立小学校時代に長年取り組んできた「作家の時間」や「読書家の時間」をヒミツキチでも行っています。元々の実践については、プロジェクトワークショップ編『増補版 作家の時間 「書く」ことが好きになる教え方・学び方【実践編】』などをご覧ください。

帯学習としてのワークショップ型授業の形をもつこの2つの学びは、ヒミツキチでさらに進化しました。「書く時間」と「読む時間」としていますが、肌感覚としては「インプット」と「アウトプット」の時間です。他の学びと結びつけて、展開しています。特に2つの学びがつながっていて、ここでも往還を大事にしています。

まなびぃ（次ページ）と絡めて、「発酵」に必要な本を一緒に読む時間をとったことが

ありました。他の学びに必要な本の読み方を学ぶことも「読む時間」に含まれます。また、プロジェクトでの成果発表があるときは、その原稿をまとめる時間を「書く時間」の中でとる…そういった他の学びとの結びつきを大切にしています。

また「書く時間」の中では、「慣用句」を使った文章を書くなど、学習指導要領に沿った学びもカバーしていきます。普段は自由に好きなことを書く時間に制限がかかることで、子どもたちの書くスキルも上がっていきます。

実は、この本の中で、ヒミツキチの子たちが原稿を書くことにも一緒に取り組みました。プロの編集者さんと一緒に書くという時間は、何事にも変え難い経験になっています。

まなびぃの時間

特徴的なのが「まなびぃ」の時間です。

まなびぃは、主に理科・社会を中心として、家庭科や図工の学びにも波及していきます。理科・社会の学習内容に合わせて、3・4年生、5・6年生というグルーピングで学んでいます。3学年のクラスにこだわっているのがヒミツキチの特徴なのに、ここでは2学年にこだわるのは教科としての学習内容のつながりを見ているからです。

共同学習としてのまなびぃの位置付けだけではなく、**まなびぃにはプロジェクトとの往還をつなぐ役割もあります**。

プロジェクトアワーの学びの中で、まとめたり、意味を見出したりする練習をまなびぃの中でやっていきます。そうすることで、共同学習の学びが、プロジェクトアワーの探究学習の学びへとつながっていきます。

ブロックアワーでは、**こういう探究の学びと往還する機会を意図的につくっていきます**。そうすることで、探究学習に入ったときに、子どもたちの学びの質が落ちないことにつながるのです。この連結がないまま、探究学習に入ると、子どもたちの学びは停滞してしまいます。

ヨガやコーチングの時間

近年、話題になっているSEL（社会性と情動を育む学び）ですが、ナンシー・フレイ他著『学びはすべてＳＥＬ』にあるように、**学習の中に自然と取り入れられてこそ意味があるものになる**はずです。

その礎となるように、ヒミツキチの日常にもＳＥＬを取り入れています。それは、この自立学習の中にも入ってきます。詳しくは第３章で解説していきます。

06

計画的な学びと即興で生まれる非構成的な学び

個別学習と共同学習の往還はこの本の核となる第1の往還です。自由進度学習がなかなか難しい背景には、この往還がなく個別学習が孤立学習になってしまっている状況があることは、序章でも述べた通りです。だからこそ、ヒミツキチ森学園では、共同学習をインストラクションとして組み込むことで、その往還が生まれやすくデザインしています。

学ぶ楽しさを覚える

2年生からヒミツキチ森学園に入学したある子は、個別学習がどうしても苦手でした。その効果を感じられなかったり、自分の苦手なものに取り組んでいると感じてしまったり、学習の意欲は高いとは言えない状態が続きました。

しかし、その子は共同学習に少しずつ楽しさを覚えました。

ある日、社会の学習をしているときに、

「最近気づいたんだけど、みんなと学ぶ学習の方が、好きなんだよね…」

その子が得意とする「話すこと」が十分に生かせて、そして、もともと頭の回転が速いため、１人で書いたり読んだりすることよりも、話しながら進む共同学習に価値を強く感じていたようです。

このように、共同学習の学びで、学びの楽しさを知ったその子は、以降、個別の学習にも少しずつ意欲を見せるようになりました。

こういった**学びの偏りは、どの子にも自然にあるものです**。同じものと見なし進めるのではなく、偏りを生かせるのがこの個別学習と共同学習の往還です。

構成的と非構成的なものの両方が大事

共同学習は、あらかじめ計画的に行う「インストラクション」の他に、即興的に行うものもあります。その日の子どもたちの学びから感じた共有しておきたいことは、ブロックアワーの時間の最後に、学びとして残しておくべく、短い時間で共有することがあります。

テーブルグループを活用しての学習方法のコツを取り上げることもあります。また「ノートの取り方」が上手な子の例を示して、みんなで称賛しつつ、どう取り入れられるか考えることもあります。振り返りを書いたものをシェアし合い、自分の学びにする時間を入れることも。また、その日に見取った「かず」の学習の中でのポイントは、次の日のインストラクションに組み込むこともあります。構成的に伝えるときは、その場だけじゃなくて、翌日以降に場をつくります。

計画的に行うインストラクションに対して、これらの即興的に必要だと感じる非構成的な学びも、実は自立型往還学習を支える大切な要素です。

行ったり来たりする学びには、つなぐ共通項が必要なことは、前に挙げさせてもらいましたよね。その共通項は、計画的に手渡すことができるものとそうでないものがあります。

個別学習を見ていて、ある子の漢字の取り組み方を、みんなで考えてみることもあります。共同学習の様子から、ここは個別のフォローが必要だと思って、「もう少し一緒に進みたい人向けに時間を取るよ」と新たな共同学習を生み出すこともあります。

先生である自分たちは、子どもが今学んでいる姿から、感じたり掴んだりして何が大切かを見極めます。**頭で考える思考だけではなく、それ以外の感情や感覚の部分も一緒に使って掴んでいく**のです。

即興的な共同学習は学び全体の潤滑油となって、往還をさらに広げていってくれます。

１人で学んでいっても１人じゃない感覚

ここで5章に書かれている子どもへのインタビューを使い、実際に学んでいる子どもの声をあわせて聞いてみましょう。

あお　個人で学ぶことと、みんなで学ぶことがありますが、両方あるってことは、どんな印象ですか？

子ども　両方あっていいなって思う。個人だと聞きに行かないとわからない。みんなで学ぶと共有することが自然と多くなる。**自分が今やっていることをみんなと共有するっていうのがいいなと思います。自分だけが知っておいた方がいいことと、みんなが知っておいた方がいいことを分けられるよさがあると思う。**

自分がやっていることを共有することが大きな学びになるとこの子は感じています。共有すると1人じゃない感覚になる、とも話していました。個別最適化の学びを目指すと、確かにタブレットやＰＣと睨めっこしていく「孤立化」に向かいやすくなるのかもしれません。しかもわからないときには、「誰かに聞く」の一択しかない。みんなで学ぶときは、わからないことも分かち合いやすくなりますよね。

そうやって仲間と学びやすい状況と、1人で取り組まなければいけない状況とが、いつも同じじゃなく、バランスよくあること…個別学習と共同学習の往還は、そこに価値があるのだと思います。

他の言葉も見ていきましょう。

いろんな学年がいることが、変わったかなぁ。同じ学年だけだと、みんな見ているところが同じ感じがするけど、いろんな学年がいることで、いろんな視点を学べます。

上の人の気持ちや下の人の気持ちを理解できることが、私にとって大きな変化でした。いろんな学年がいることで、いろんな人との関わりがもてるのも、力になると思います。

ボクらは、異学年で学んでいます。異学年で学ぶことで、いろいろな視点をもつことができる。過去に戻り「あんなことに悩んでいたよなぁ」と思いやりの視点もあれば、先輩に憧れて「自分が６年生になったときは、これをしたい」という視点をもつこともあるでしょう。

そうやって時間を超えての往還も生まれながら学んでいくことは、この子の言う通り、いろんな感情を理解できることにつながります。

人と人との間で私たちは学んでいく…。大事なことを思い出させてくれる言葉でした。

COLUMN 2
自己調整学習と10のツール

「自立型往還学習」において鍵となるのが、1章の「第一の往還」と、3章に書かれている「10のツール」だ。子どもたちやグループリーダーの振り返りで何度も取り上げられているものがあることに気づき、子どもたちと考えてカードにまとめていった。1章で書いてきたブロックアワーの時間で、めあてとして使っている。「どうやって学ぶか」という個人のめあては、子どもたちにとってなかなか立てにくいものだった。そのとっかかりとなるものとして、10のツールが子どもたちにも浸透しつつある。

最近読んだ、木村明憲著『自己調整学習』（明治図書）で書かれている調整方法と10のツールは似ていると感じる。木村は、見通す・実行する・振り返るというフェーズに分けて整理し理論を展開し、子どもたち自身が自己調整をしながら学習する重要性をこの本で語っている。ボクも同感で、子どもたちが毎週同じ学びを進めていく中で、どう調整していくのかは、自立型往還学習の大事なポイントになる。『自己調整学習』には書かれていないことだが、「集中のための注意の制限」として「時間を使う」「仲間の力」「限定する」「小さな一歩」のような細かな実行するフェーズの方策も子どもたちには有効だ。

10のツールを開発していくにあたっては、大人の学びで重要だと感じてきたものも多分に入っている。例えば、「時間を使う」だと、ポモドーロテクニックを知るようになってから、疲れ知らずで仕事ができるようになった。授業研の直前に机の整理を始めてしまっていた自分が、大きな仕事もコツコツ進められるようになったのは「小さな一歩」のおかげだ。TaskChute Cloud というアプリで、正確な「ログを取る」ことも日々続けている。

大人の学びと子どもの学びは本質的には同じ、大先輩の言葉がふと蘇る。ヒミツキチの子どもたちの毎週の実践から、大人に有効な取り組みが子どもにも効くのは実感している。何より、大人が本で読み、学び、本当に有益だと思ったことを、子どもたちに伝えていけるというのは、なんて素晴らしいことなのだろう。子どもはいつも大人の本音を見抜く。建前で言っている言葉なのか、そうではなくて本心からなのか、すぐに掴んでわかってしまう。ボクらだって本音だから、届けたいと思うはずだ。

「すごい方法見つけちゃってさ！」そんなワクワクした大人の言葉は子どもたちに確実に届くのだ。ここでも、大人の学び（日常的に得るもの）と、子どもの学び（教室の中で起こること）の間に往還が生まれていく。

3章に書かれている10のツールは、まだまだ改善の余地がある。読んでみて「こういうのもあるんじゃない？」って思ったら、そのツールを教室で試してみてほしい。

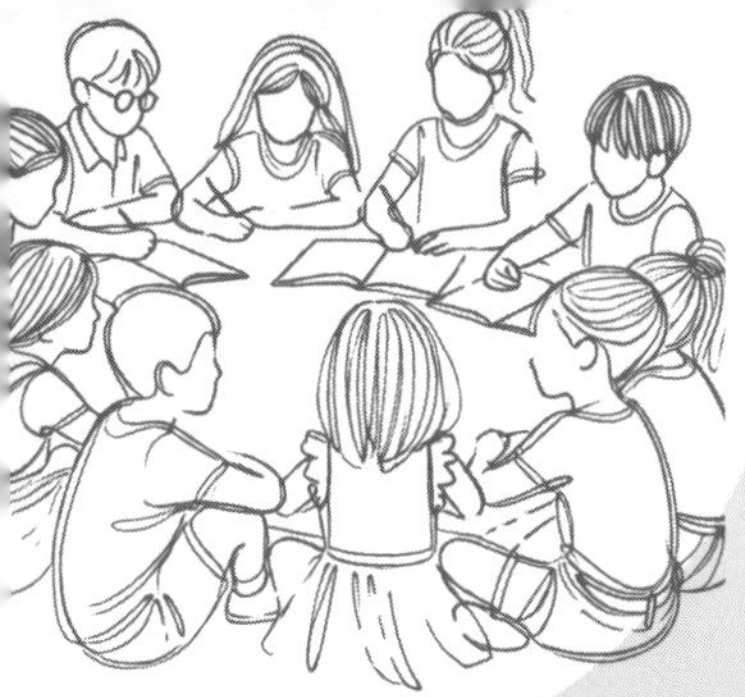

第2章
「ブロックアワー×プロジェクトアワー」の往還が生み出すもの

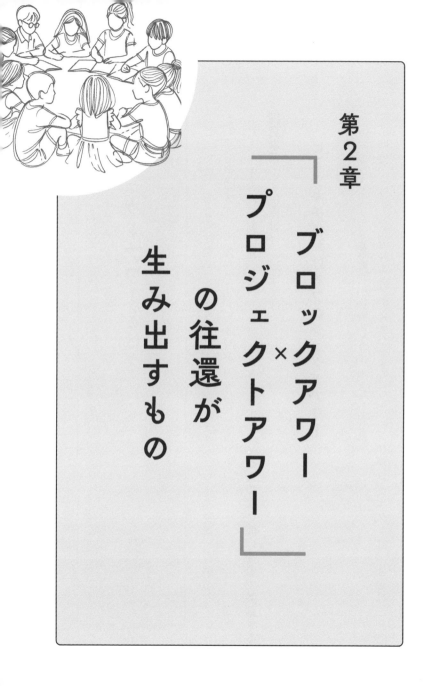

01 プロジェクトアワーとは？

ここでは、第2の往還「ブロックアワー×プロジェクトアワーの往還」を解説していきます。まずはプロジェクトアワーとは何かからおさらいです。

ヒミツキチ森学園において、プロジェクトアワーを、「**答えのない問いを皆で共創する探究学習**」と位置付けています。

ヒミツキチにおけるプロジェクトアワー

プロジェクトアワーには2つの学びがあります。

1つは、「ラーニングプロジェクト」です。ラーニングプロジェクトは、3か月ごとに

1つのテーマを深く探究する学習です。ヒミツキチ森学園の学びの中心にあるのは、このラーニングプロジェクトです。

年間3テーマなので、これまでの5年間で15のテーマを扱ってきました。このテーマはカリキュラムもありますが、実はそれ以上に、子どもの興味関心や、ヒミツキチとのつながりから生まれることが多いです。

PBL（プロジェクトベースドラーニング）の形態をとっているこの学びだけでも一冊の本が書けるほどですが、本題からそれるため、詳しい説明は次の機会に任せておきたいと思います。スージー・ボス著『プロジェクト学習とは 地域や世界につながる教室』や、軽井沢風越ラーニングセンター編『プロジェクトの学びでわたしをつくる』が詳しく参考になります。ぜひお読みください。

もう1つのプロジェクトが、「**イベントプロジェクト**」です。これは主に**行事を自分たちで探究しながらつくること**を進めるプロジェクトです。

ヒミツキチでは年間を通していくつかのイベントがあります。3か月ごとに誕生日を祝う「バースデイ催し」、10月に毎年開かれる「海の運動会」そして「入学式」や「卒業式」。

さらには5・6年生でいく「修学旅行」などです。公立の学校に勤務していたときは、これらのイベントは、まず先生が計画・立案をしていました。子どもに一部分を任せることはありますが、たいていの流れを教師がつくり、進めるのではないでしょうか。

それに対して、ヒミツキチのイベントプロジェクトは、本当にイチから子どもたちがつくります。一例を挙げてみましょう。

2年目から開催している「海の運動会」は、最初の年は「運動会をやるのかやらないのか」から話し合いました。

「運動会をつくってみた経験がないから、やったこと（経験）があるハロウィンパーティーでいいんじゃないか」

という声が多かったのですが、

「1回やってみないとわからないよね。判断するのはそれからでいいんじゃない」

という前向きな声が出てきて、最終的にやろう！ということに。

運動会をつくろうとなったものの、海での運動会の経験は、子どもたちも、ボクらも全くなく、戸惑いました。どんな競技ができるのか、ルールはどうするのか、赤組白組などはつくるのか…一つひとつ、丁寧に対話していきます。その期間は想定より長くなりました。ルールはなかなか決まらず、種目ごとにチームも変わるので、子どもだけが把握している内容の競技もあったほど。練習時間はほぼなく、リハーサルが唯一の練習時間でした。

しかしながら、実際に迎えた運動会当日、直前までほとんど練習をしていなかったにもかかわらず、子どもたちも大人も生き生きと取り組み、運動を楽しむ大満足の一日になりました。ボクも体育主任という立場から、たくさんの運動会を公立小学校時代につくってきました。でも、この海の運動会は、どの運動会にも負けないほど、素晴らしいものになったのです。

イベントをつくることは、自己選択・自己決定の繰り返しになります。そこに仲間の視点が入り「自分たち」になり、イベントに参加する「相手」を意識しての選択や決定は、高次な次元での学びとなります。自分の、そして自分たちの願いを体現するために考え抜き実行に移すことこそ、大人になっても必要な学びなのではないでしょうか。

それもこれも、**プロジェクトがちゃんと自分事になっているからこそでしょう**。それほど自分たちでつくることは、先生たちが思っている以上に価値があるものなのです。

答えのない問いを探究するラーニングプロジェクト

ＯＥＣＤが表明している「ラーニングコンパス２０３０」の中で、社会を変革していく「変革的コンピテンシー」において、次の３つが重視されています。

- 新たな価値創造
- 緊張やジレンマの調和
- 行動に責任をもつ

この３つは、従来の学びではなかなか高められないことかもしれません。しかし、**「答えのない問い」を本気で探究するときに、子どもたちの中にジレンマも多々起こります。**ラーニングプロジェクトの例も１つ見てみましょう。「SARUSHIMA QUEST」というプロジェクトでは、横須賀市にある猿島という無人島を舞台に、子どもたちが小学生向けのイベントを実施しました。

猿島はバーベキューができる砂浜や綺麗な海だけでなく、戦争の歴史的遺産がある大変魅力的な島です。そんな島ですが、冬場の集客は、春・夏・秋に比べたら少し落ちてしまうというのを、管理している会社の担当者の方から聞きました。

ボクらの学園がその状況で何かできないかということになりました。子どもたちの提案するプレゼンは熱がこもっていて、それを聞いた担当者の方が、「ぜひ本当にイベントをやりましょう！」と言ってくださったのです。

しかし、実際にイベントをつくることも、予算をつくることも、初めてです。こんな学び1人では絶対にできない学びですよね。子どもたちとうんうん唸りながらつくり上げたイベント、当日は、2日間とも満員御礼で大成功となりました。

このイベントの振り返りでは、実際につくること、社会とつながることの達成感とともに、難しさを振り返っていた子どもたちの言葉がたくさんありました。

毎回ではありませんが、こうやって学園の中だけでなく外ともつながっていく…。そんな答えのない問いを皆と探究していく学びを、ヒミツキチ森学園では展開しています。

学びを社会とつなげる意味でも、プロジェクトアワーの価値は高いと信じています。

02

プロジェクトアワーとブロックアワーの学びのつながり

プロジェクトアワーでの学びに対する態度・価値観が、ブロックアワーの学びに波及していく例は、挙げればキリがありません。そこをあえてこの本では、子どもたちの声を基に、ご紹介したいと思います。

ブロックアワーの学びがプロジェクトアワーでの学びにつながる

これは、皆さんも例が浮かびやすいのではないのでしょうか。小学校でも総合的な学習の時間において、日々の学びを生かすという視点を大事に取り組んでいますよね。

ある子のブロックアワーの学びがプロジェクトアワーにつながった例を話します。

２０２３年秋のラーニングプロジェクトでは、「システム思考」を学びながら、校舎を大切に使うことを考え抜くプロジェクトでした。子どもたちが名付けたプロジェクト名は「たいせつん」。開校当初から通っている子が抱いていた校舎を大切に使う気持ちを、新しく入学した子たちにも感じてほしいという想いで始まったプロジェクトです。

ある子は、学園のコンポストが、裏の畑（捨てに行くのには一番遠い位置にある）にあることに疑問とやりにくさを感じ、もう少し近い位置に、設置することを提案しました。新しい「コンポスト」を使うことを視野に入れ対話していると、使わずに余っているコンポストを持っていた保護者の家庭に、譲っていただけることになりました。

その際、いただいたコンポストの中に、どれぐらいの土を用意すれば始められるのかという課題に直面しました。土を入れていけばいいのですが、かなりの量なので、ある程度「黒土」を購入しないといけないのがわかっていたのです。

彼は、５年生の体積の学習を生かしながら、必要な土の計算をしました。体積は長さを測ってかけ算すれば求められるのですが、それをＬ（リットル）に変換して購入する土の量を慎重に検討する必要があります。

ホワイトボードに計算し、友達とも確認しながら、実際の土の量を出すことができました。購入した土がぴったり入ったとき、嬉しそうにしていた表情を今でも覚えています。

モチベーションが2つの学びを往還する

一番強く感じているのが、モチベーションの往還です。自由進度学習だけだと、学びのモチベーションが子どもによって様々だというのをよく耳にします。基本的には同学年で学んでいますので、算数が苦手な子は、なかなか克服することができませんし、テストによってまわりとの比較も生まれてくるでしょう。

ここにプロジェクトアワーの探究する学びが入ってくることで、全く違う世界を見ることができます。

1人で学び切れるような学習内容に対して常にモチベーションを高く保つのは、小学生には難しいのではないでしょうか。しかしながら、プロジェクトアワーで難しい問いを、仲間と一緒に共創しながら学んでいたり、共同学習で共に学ぶ時間があったり、そういう時間があることで、個別の学びのモチベーションを高く保つことができます。

現にこの原稿を書いている前日も、子どもたちは、ヒミツキチのグッズづくりで、自分たちで作成中のクリアファイルの値付けに頭を抱えていました。他のメンバー全員に「いくらなら買うか」のアンケートをとって、子どもの感情を確認し、親の感情を予想しながら、慎重に値をつけていました。

「プロジェクトアワーの学びが複雑だから、答えのあるブロックアワーは、簡単に感じることがあるんだよね」

高学年になると、そんな声をよく聞きます。

それはそうですよね。集客や予算などを学びながら、小学生が小学生相手のイベントをやった前述の「SARUSHIMA QUEST」では、「やったことがない」の連続でした。でもその大変さも、終わってみると、得たものが大きかったと感じるのです。そうなると、答えがちゃんと出る、ことば・かずの課題は、なんてことのない学習に感じてくるのも納得です。

自由進度学習という学び単体で見ると越えられない壁でも、探究学習との往還があると、軽やかに超えていく子どもたちの姿を何度も見てきました。

03

個別学習の中に「探究」を意図して組み込む

「共通項」から往還が生まれている2つの学びですが、それだけではなく、意図的に取り組んでいることがあります。

探究課題が自立学習の中に入るわけ

それは、ブロックアワー（自立学習）の中に、プロジェクトアワー（探究学習）の課題を入れるようにしているのです。

例えば、プロジェクトアワー「ラーニングプロジェクト」の中で、ステッカーのデザインをする必要があったときのこと。何かをデザインする場合は通常、1人でデザインする部分と、そのデザインを数人で吟味する時間とに分かれています。

このときも同じように、それぞれがデザインしてきて、3人のデザインをみんなで見てみようということになりました。彼女たちは、各自でデザインをするのですが、それはブロックアワー（午前中）の個別学習の時間に入れるようにしていたのです。午後のプロジェクトアワーでは、それぞれが午前中につくったデザインを持ち寄って、意見を言い合っていました。よりよいものをつくろうと真剣な様子が生まれていました。

このように探究の課題を自立学習の時間に入れるのにはいくつかのねらいがあります。

意図的に学びを入れることのメリット

1つは、**各学習の時間の確保**です。

通常の時間設定だと、どうしてもプロジェクトには時間がかかります。ヒミツキチ森学園の午後の学びは、13時半~15時の1時間半になるので、それが週に2、3回ではプロジェクトの時間が物理的に足りないのです。だから、午前中の個別で学べる学習の中に入れ込むことで、時間を確保しています。

しかしながら、時間の確保以外にも様々なよさがあります。

それが2つ目のメリット、**学びのメリハリが生まれること**です。

個別と集団を行き来するプロジェクトの学習では、時間が90分あるため、その境目の判断が子どもたちでは難しくなります。そのプランニングも経験できるところが、プロジェクトの学びのよさではあるのですが、いつもいつもは難しいのです。

だからこそ、探究の時間も個別（ブロックアワー）と共同（プロジェクトアワー）で分けているのです。分けることで、午後のプロジェクトの時間は、「みんなで使う時間」として認識され、学びが加速度的に進んでいきます。

また、そうやって学びが混ざることは3つ目のメリット「**ブロックアワー時の時間の多様化**」となります。

ブロックアワーの時間をどう使うかは、子どもたちの計画に任されているのですが、探究の学びが混ざってきている期間の方が、学びが多様になっていて、面白いのです。

ドキュメンタリーをつくっている横で、黙々とかずの学習に取り組んでいる子。そうかと思えば、隣の子はバースデイ催しの司会の原稿を書いています。午前中の2時間の中で、かず、ドキュメンタリーの映像制作、タイピング、読書…など、実に多様な学びをしています。個別で学んでいる横で、プロジェクトのことを複数人で相談している…、そんなごちゃ混ぜの学びはヒミツキチでよく見られる光景です。

5章に出てくるヒミツキチの子の言葉です。

「2つの時間が混ざっているほうがいろんな人と関われるし、イベントプロジェクトやラーニングプロジェクトの中で、たくさんのチームで学べるのがいいなと思う」

ブロックアワーの中でも、多様なチームで学んでいく感覚。1人で学んでいるのでなければ、共同学習のようにみんなで学ぶのでもない。自由に仲間と学んでいる時間が、ブロックアワーの中に生まれることが、子ども同士の関係性も育んでいくことにつながり学びの相乗効果を生んでいるのが、この言葉からわかります。

04

2つの学びの共通項が第2の往還を創り出す

さて第2の往還でも共通項になるものを見ていきましょう。ブロックアワーとプロジェクトアワーの往還を支える共通項は次の3つです。

・まなびぃ。12の力（コンセプト）
・3つの活動（ツール）
・SEL（在り方）

それぞれ別の章で詳しく述べている場所があるため、ここでは、「12の力」と「3つの活動」を中心に見ていきましょう。

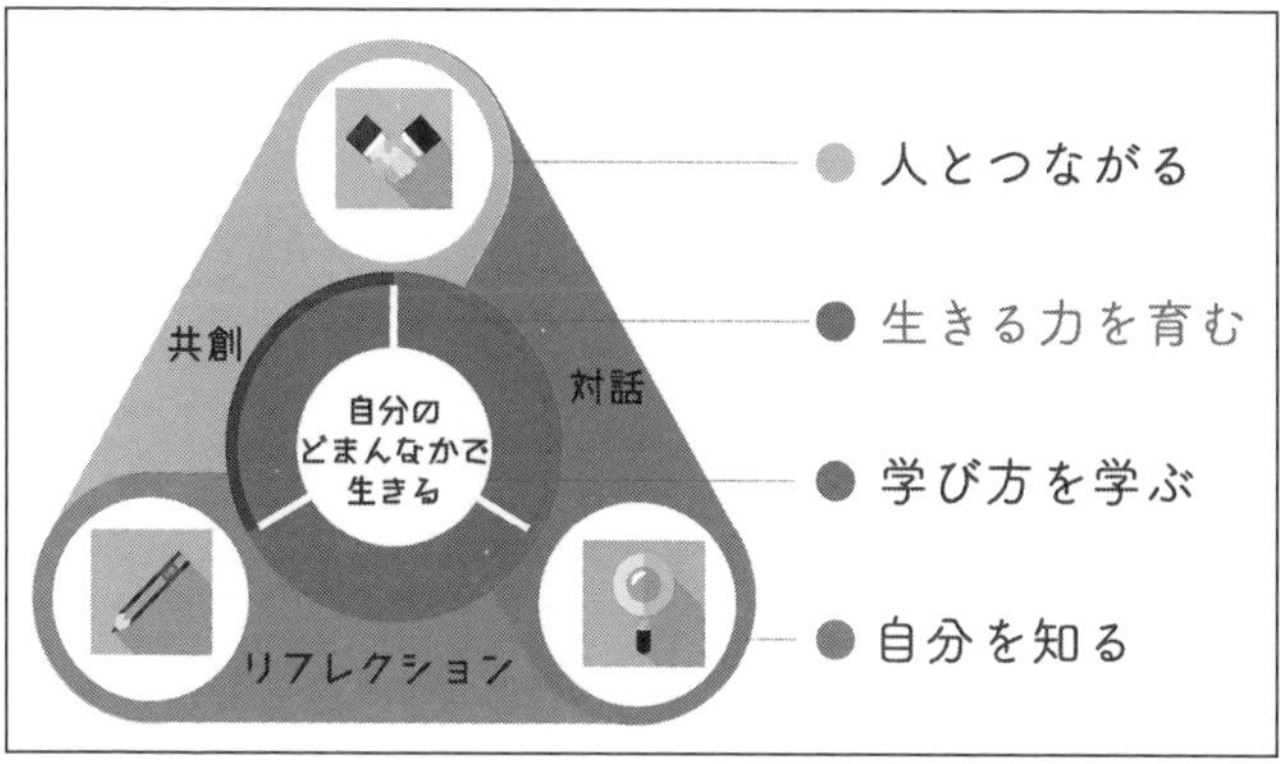

ヒミツキチが大事にしたい3つの活動

ここでヒミツキチの学びの在り方をご覧ください。子どもたちにつけたい力として4つの柱を明確に示しています。「人とつながる」「学び方を学ぶ」「自分を知る」、そして上位概念としての「生きる力を育む」がその柱です。

それらを学んでいくためには、3つの活動を大事にします。それが「対話」「共創」「リフレクション」です。この3つの活動を1日の中の至るところで使いながら、日々を過ごしています。

「対話」については、朝と帰りのサークル。各学習の時間の始まりと終わり。ボクらはいつもサークルになって、対話を柱に日々を過ごしています。

ヒミツキチに来たからには、自分の想いを相手に伝えられること、相手の声をしっかりと受け止められること、この2つは、できるようになってほしいと思っています。**対話とは、相手の言葉の奥にある感情を受け取り、自分の中に生まれてきたものを大切に相手に届けること**。おしゃべりとも違う、会話とも違う、心が通い合う対話を繰り返す文化がヒミツキチの中にはあります。

「共創」とは、共に創り出すこと。プロジェクトアワーでも、ブロックアワーの共同学習でも、競争ではなく、共創を大事にしています。共に創り出すためには、自分のことをよく知っていて、自分らしくいることが大切です。自分たちの納得できるものを、とことん対話して、生み出していく。それが子どもたちにはできるのです。

「リフレクション」についてはSARUSHIMA QUESTの振り返りをした6年生の言葉をヒントに見ていきましょう。

「ありとあらゆることが難しかった。一つひとつの取り組むことを直線的に見ていた。これが終わったらこれみたいに、いろいろなものが並んでいるように見えていた。でもやってみると、そうじゃない。鍵になるひとつが終わらないと、他の全部が進まないものもあるってことがわかった。一つひとつのやることの大きさが違うんだってことがわかった」

この子がブロックアワーの学びでも、今まで並んで見えていた一つひとつのやることに対して、違った見方が生まれていったのは言うまでもないでしょう。課題への見方が広がり、様々な課題に応じられる柔軟性を身につけ、変わっていったのが印象的でした。

プロジェクトアワーでの深い振り返りは、同じ共通項「振り返り」をもつブロックアワーの学びでの振り返りにも影響を及ぼします。

失敗は起こりません。どんなに失敗したと思っても、データが取れれば失敗ではないので。多様なリフレクションは、子どもたちの日々の学びを価値あるものに変えてくれます。

3つの活動はこのように、ブロックアワーとプロジェクトアワーをつなぐ共通項になるのです。

12の力　ラーニングディスポジション

4つの柱をさらに具体的な姿にしたものを「12の力」とヒミツキチでは呼んでいます。

後述するStoryparkのアプリを開発したニュージーランドの学びを参考に「ラーニングディスポジション」と呼び、学びの中で活用しています。

2つの表がそれぞれのクラスのラーニングディスポジションです。言葉の程度は発達段階に応じて多少変わるものの、2クラスとも同じ力を伸ばそうとしています。

これらの力は、主にブロックアワーで活用します。ただし、プロジェクトアワーでもその力をどの場面で発揮するかを大事にして、プロジェクトの計画を立てています。

たとえば、「今回のプロジェクトでは、『問いをめ

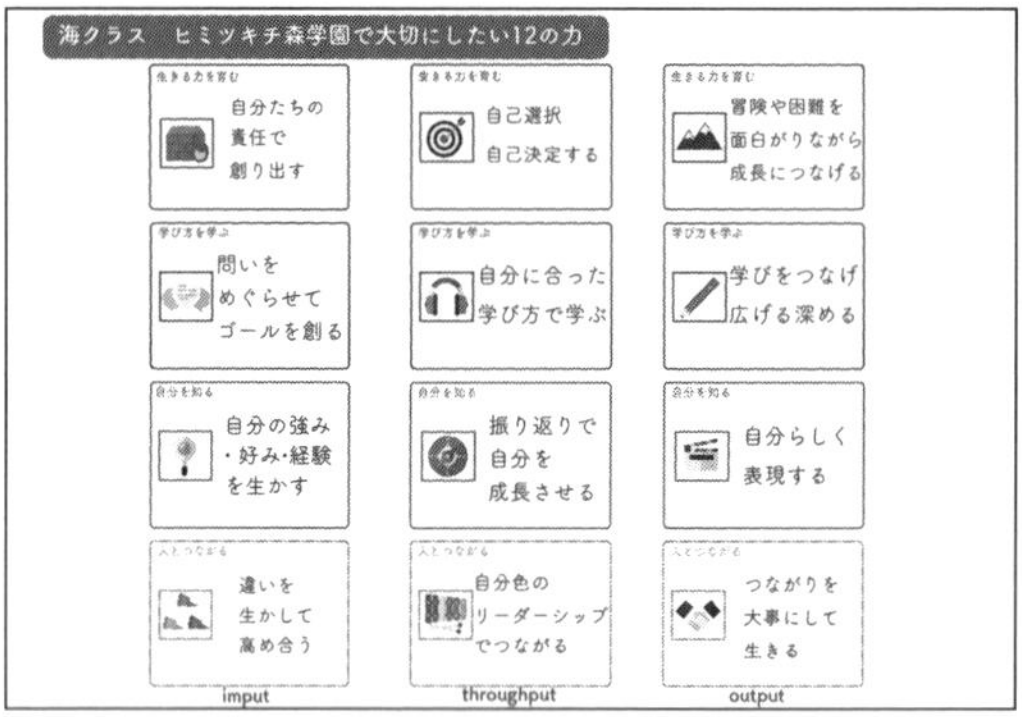

ぐらせてゴールを創る』と『冒険や困難を面白がり成長につなげる』を大事にしていこう。そのために、問いを出すタイミングと、あらためて問いのつくり方を皆でおさらいしていこう…」などのように、グループリーダー同士で決めていきます。

このような「つけたい力」「なりたい姿」を描くことは、公立小学校時代でも学習指導案の中に書くように求められてきました。しかし、大人だけがわかっていて、子どもにそれが示されたことは少ないのではないでしょうか。

ヒミツキチでは、子どもたちもこの12の力を意識する機会が豊富にデザインしてあります。さらには、毎年少しずつ変わるこの12の力の見直しには、ヒミツキチ森学園の５・６年生が関わり、共に考えています。

また、グループリーダーや親チーム（保護者）など、ヒミツキチに関わる皆がこの12の力について共有できる場所をつくっています。詳しくは第5章でお伝えします。

なりたい姿は皆で共有して、共に目指していく。ヒミツキチのビジョンとも言える具体の姿は、２つの学習の往還に役立っています。

05

2つの学びをつなぐ中間地点「まなびぃ」の存在

共通項の1つに、「まなびぃ」というものがあることは説明しました。この「まなびぃ」もわかりにくい存在だと思います。

ただ、「まなびぃ」があるからこそ、2つの学びの往還が進む感覚が、ボクらにはあるので、ここで詳しく説明させてください。自立型往還学習の接着剤としての「まなびぃ」がもつ意味を。

「まなびぃ」とは何か

理科・社会・家庭・図工などの学びを混ぜ合わせて、大きなテーマの学びとして取り組んでいる「まなびぃ」は、本当に掴みどころのない面白い学びです。

この学びには、学習指導要領でいうところの、理科・社会を中心として、図工・家庭科・音楽なども含まれてきます。大きなテーマ（3年生から6年生の理科・社会を網羅するようなテーマを設定しています）を基にして、様々な学習を横断していきます。

一例を挙げると、23年度の5・6年生は「食まなびぃ」を実施しました。まなびぃ初年度で試行錯誤していましたが、学園の裏にある畑でコンパニオンプランツの野菜づくりをしていました。まずはその野菜を育てる中で、植物の水の通り道を観察しました。養分や水分が何をもたらすかを学習した後は、スーパーに行って、同じ野菜の産地がどうなっているか、それぞれの野菜の産地の特色を学びました。畑で獲れた野菜は調理してみんなで美味しく食べるとともに、栄養価も考える機会になりました。

様々な学びを横断していることがわかっていただけたかと思います。これが、半年に1テーマを目安として、年間2テーマを3・4年生、5・6年生に分かれて行っていきます。細かいカリキュラムについてはＨＰを参考にしてください。

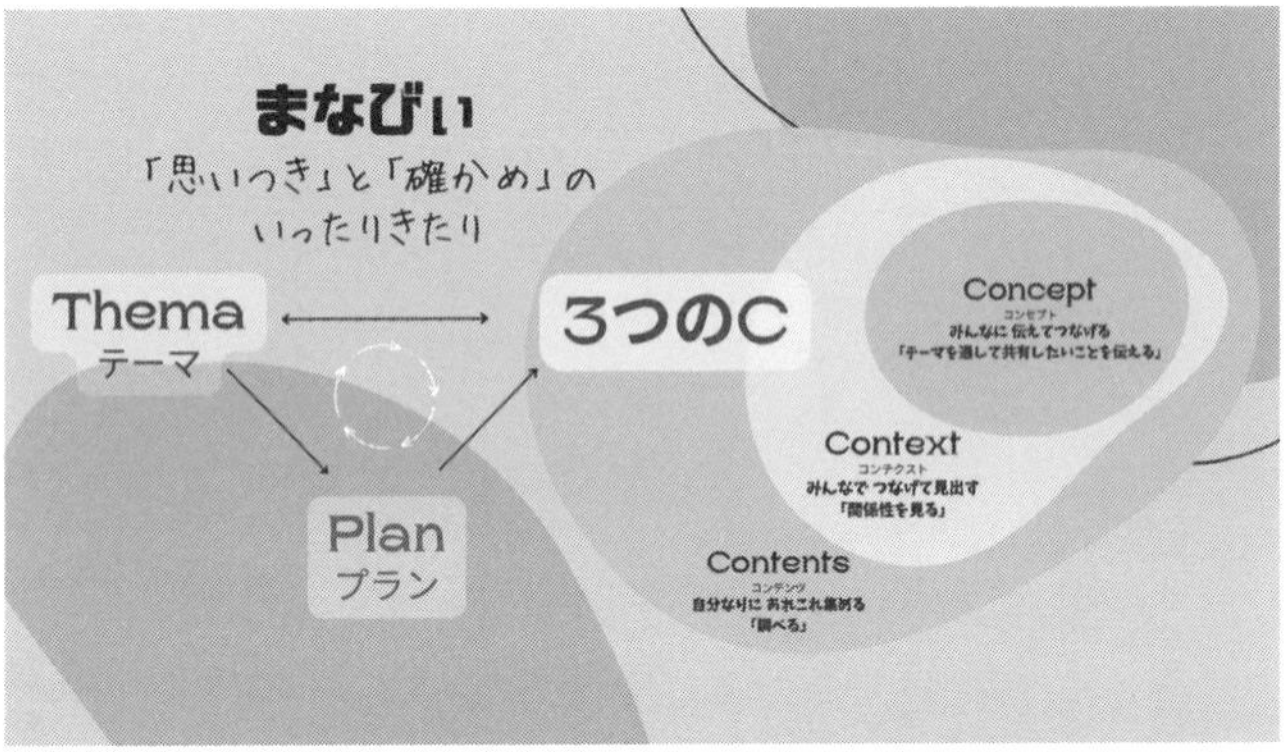

「まなびぃ」の試行錯誤ともたらすもの

大前提として「まなびぃ」は、子どもたちとグループリーダーで半々ぐらいの主導権の握り方をしています。プロジェクトアワーの学びと比べると、はるかにグループリーダーが舵を握っています。

ここがポイントで、「まなびぃ」を子どもに任せてしまうと、往還が生まれにくくなってしまうのです。ここは舵を握り、プロジェクトアワーで使える学びの在り方を育んでいくことを狙っています。

上のまなびぃの図ですが、3Cとは、市川力・井庭崇著『ジェネレーター　学びと活動の生成』の241ページで取り上げられている、発見の広がりを示す図の背後にある考え方です。それを市川力さんとの対話から教えていただき、これを参考にヒミツキチでアレンジをしたものです。

大事にしたいのは、「思いつき」と「確かめ」の行ったり来たりです。構成的に何かを捉えるのではなくて、非構成の思いつきを大事にしていきます。Contentsで雑を集めて、それが少しずつまとまってContextとなり意味をもっていきます。それが集まってテーマと重なってくる部分が、Concept。この３Ｃは探究学習でも大事にしたい考え方で、「まなびぃ」の学びの中で浸透するように練習しています。

探究にも関わってくる学びを共同学習の中で丁寧に練習している…、それがヒミツキチの「まなびぃ」です。子どもたちにとっては練習している感覚はあまりないかもしれません。２０２４年度の「産業まなびぃ」では、日本に古くからある発酵のことを学んでいて、みんなで麹を使って発酵料理に取り組んでいました。ヨーグルトをつくったり、塩麹をつくったり…。子どもたちの思いつきと、グループリーダーの舵取りとで、ホンモノを使った非常に楽しい学びになっています。

こういう**はっきりしない形をもつ学びが、学校の中にあることに意味があると思うんです**。不透明さがもつ爆発力のようなもの、それが「まなびぃ」の魅力です。

06

その他の学びがどう影響を与えているか

ヒミツキチ森学園でも技能教科が存在します。ブロックアワーの共同学習として位置付けられて、週の中の様々な時間で行っています。

ブロックアワーのテーマがもたらすもの

学園の中のアートの時間は、もう1人のグループリーダーに任せています。

ブロックアワーにテーマをもたせているのが、2024年度の1つの大きなチャレンジです。3か月ごとに「発酵」「日本の伝統」など、学びのテーマをもっています。このテーマがあることで、ことば・かずや、読む・書くの時間、そしてアートの時間にも影響を与えています。

例えば「古くからある日本の伝統文化」がテーマになったときは、ミュージックもそういった昔からの音楽を扱います。また、まなびぃの中では歴史寄りの学習が多く、奈良・平安時代の建築物を経て、学園に近い鎌倉の寺見学という学習につながっていきます。「バースデイ催し」というイベントプロジェクトでも、お月見団子を味わうなど、テーマが影響を与えています。

近くの公園だけではなく、海や山でスポーツ

ヒミツキチ森学園では、季節ごとに取り組むスポーツを計画しています。

春は、鬼ごっこなどの体つくり運動です。縄跳びをやるなど、道具を使うスポーツもここで扱います。新入生が入ってきたばかりなので、こういったコミュニケーションの運動が中心になります。

夏は、海でめいっぱい体を動かします。泳げるようになることが目的ではなくて、水と仲良くなることを楽しみます。1年生で海に入れなくてポツンと砂浜で遊んでいた子が、

4年生ではサーフィンを始めるなんてことも…。環境に親しみ身体を動かすことを、存分に大切にしています。ボクもずっと海嫌いですが、ヒミツキチに来てから海の遊びをするようになり、週末もシュノーケリングを楽しむ日々。子どもたちにも、そんなきっかけにしてほしいです。

秋はボールを使った遊びや運動をします。ベースボールやサッカー、フラッグフットボールなど、1種目を選んで、その年はじっくりと1つの球技系に取り組みます。

冬は山を味わいます。山頂近くの斜面になっているお気に入りの場所、ここが本拠地。スラックラインを張るなど、サーキットトレーニング感覚でいろんな遊びを体験します。時にナーフというスポンジ銃を使ったサバイバルゲームのような特別企画もあり、自然を通じてたっぷりと体を動かします。

海や山を好きになれば、きっと大人になってもその感覚は続いていくのではないでしょうか。葉山の自然を味わった経験は、子どもたちの中にたっぷりと残ります。こうやって年齢を重ねても、身体を動かしたいという欲求が生涯体育につながっていくはずです。

ミュージックなど、その他の学び

ブロックアワーの中でもちろんミュージックを扱うことはあります。ただし、「歌う」ということは、もう少し日常的に大事にしたいこと。

これは教科としてではなくて、生活の中（朝や帰りのサークル）で歌う機会をつくるようにしています。ブロックアワーの共同学習の中で、リコーダーをやったり、ピアニカをやったりすることもあります。ボク自身、歌を歌ったり、楽器をしたりすることにたくさん救われてきたこともあるので、子どもたちにも幅広く触れてほしいと思っています。本当は音楽を愛する、奏でられる人にお願いしたいという気持ちはありますが…。

そしてクッキングなどは、まなびぃの時間を通じて行っています。まなびぃでは、調理をするシーンがたくさんあるので、理科・社会の学びと絡めて調理することには抵抗がなくなっていっています。

主に3〜6年生ですが、まなびぃの中で、暮らしに関わることを学んでいる最中です。

COLUMN 3
プロジェクトアワーでの探究のあゆみ

本文の中では触れられなかった「プロジェクトアワー」について、ヒミツキチの学びの中心にあるわけを書いておきたい。

この原稿を書いている10月半ば、ラーニングプロジェクトのテーマは「祝祭」。プロジェクトビジョンとしての子どもたちの願いは「葉山町100周年とヒミツキチ５周年をお祝いしたい」というもの。この２つを意図的にずらしてあるところが、ラーニングプロジェクトの肝になることは、「探究」について語る場ではよく話している。

最初から３か月すべての計画をしてしまったら、子どもたちに探究の隙間がない。だから、まずは、９月～10月半ばまでの葉山町の音楽祭、ヒミツキチの運動会までを、チームで取り組んだ。葉山町の音楽祭はワイルドワンズさんたちと同じステージに立たせていただいて、校歌を披露し、記念ソングのバックコーラスを子どもたちが務めた。毎年開催の海の運動会では、地域の人に来てもらおうと、音楽祭で学園のことも伝える活動をした。

その振り返りがこの原稿を書いている日の前日にあり、自分たちの取り組みを振り返る中で、「祝祭」ってなんだろう？を問い直すことに。

子どもたちからは「ヒミツキチをつくってきてくれた人」「学園の近くでお世話になった人、新しい場所でお世話になる人」とつながり直すことだという主張が。**「どんなときもいいことにする」ことがお祭りの価値であり、器じゃなくて人とつながることが、祝祭の本質**だという意見に、みんなが納得をしていた。

答えのない問いにみんなで共創する…それがプロジェクトアワーの学びだ。「祝祭」を問いながら、皆でつくっていく。実際に取り組んでみて振り返り、意味を見つける。５周年祭は、イベントプロジェクトなども絡めて取り組んでいくことになった。このようなラーニングプロジェクトとイベントプロジェクトの往還もよく生まれること。

ボクらの学園も豊富な教材や人材がいれば、個人探究にも踏み切れるだろう。でも今は足りているわけではない。だから学園として、チームという形で、プロジェクトを進めている。**誰かと自分のやりたいプロジェクトを進める…ボクらは人の中で育っていく**。だから今のままでいいのだと思う。

これからも試行錯誤が続いていくが、「私のやりたい」が、「まわりの誰かのやりたい」と影響を与え合う…そこから１人じゃできないものが生まれていく。それこそ、ヒミツキチ森学園のプロジェクトアワーが大好きな理由だ。

第3章

自立型往還学習を支える10のツールとSEL

01 やる気につながる「小さな一歩」×「限定する」

この章では、先に挙げた共通項の中でも「自立型往還学習」に効く10のツールカードを中心に見ていきます。子どもも使える共通項の存在は非常に大きく意味があるものだからです。２項目ずつ取り上げていきますが、ヒミツキチ森学園の子どもたちにも「書く時間」の課題として作文に取り組んでもらいました。ぜひ子どもたちの声もあわせて読んでみてください。理解が深まるはずです。まずは「小さな一歩×限定する」です。

小さな一歩

皆さんもやる気がなくて進まないときがありませんか？　そういうときに「小さな一

歩」が役に立ちます。

「小さな一歩」とは最初の5分や、1ページを進めるなどの小さい挑戦をしてみることです。実際に使ってみると意外と課題が進むし、そのまま続けると集中できて、勉強が捗ります。「5分だけやってみる」を何回も続けることで、小さな一歩が習慣になって、めあてにしなくても自然とやる気が出るようになります。「仲間の力」や、「限定する」の力を一緒に使うと、もっと集中できて課題が捗るかもしれませんね！

（ことりん＆かえっち）

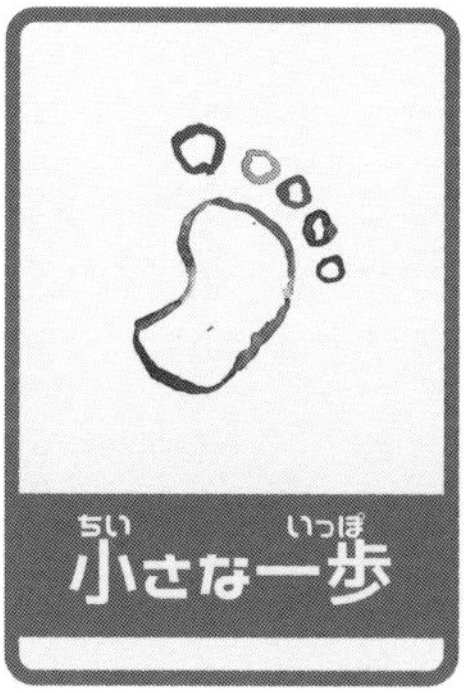

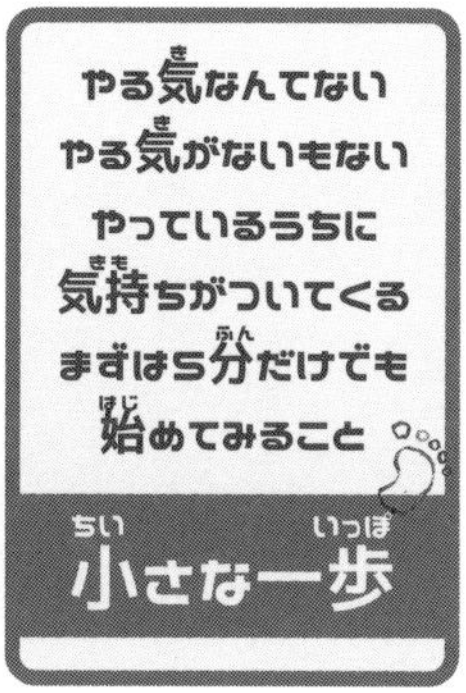

大人の仕事の場合もそうですが、「やる気」に左右される人が少なくありません。特に強制されて学ぶ毎日ではなくて、自分で学びをつくっていくならなおさらのこと。自分の感情とどう向き合うかは、学習へのモチベーションを左右します。そんなときに、まず5分だけでも取り組んでみること。気乗りしないのには原因があって、結果がわかりきって

いるのか、結果が見えない怖さに戸惑っているかが多いでしょう。

そんなときは、多くの本で、**小さく始めてみること**を勧めています。5分でも取り組んでみると、面白さを見出せる可能性が結構あります。また、未知のことでも、「意外にできそうだぞ」という感覚が見えてくるかもしれません。実際に行動してみることで、その結果から感情が動き出して、それをきっかけに次に行動できるトリガーを見つけた…ボクも何度も経験していることです。

jMatsuzaki・佐々木正悟著『1日3分！最強時間術　先送り0』によると、スモールスタート（小さく始めること）と、スモールウィン（小さな成功体験を積むこと）が、習慣化にとって有効だと語られています。**スモールスタートは「たったこれだけ」というレベルから始めること、徹底的にハードルを下げること**の重要性が説かれています。

自立学習を進める中で、子どもたちも同じように「やりたくないものを後回しにしてしまって苦しむ…」そんな状況をよく目にしてきました。「小さな一歩」を試してみてと促すと、「思ったよりできる自分」に驚いているのです。子どもたちも実際に試してみることで、その効果を感じている子が多いです。

「やる気が出たらやろう」じゃなくて、「やってみたら、やる気が湧いてきた」。どこまでもその繰り返しです。ぜひ子どもたちと一緒に試してみてください。

限定する

皆さんは声や騒音などに悩まされることはありませんか？　そういうときに「限定する」という力がおすすめです。

「限定する」は制限して集中力を得るツールです。僕は話や視界を制限するために動かない物の前に場所を移動することと、友達と勉強すると集中が乱れてしまうためあまり関わらない人と一緒に勉強することで、集中できて学ぶ量がぐんと上がります。その他には、音を制限する為にヘッドフォンをかける方法があります。他の12の力と掛け合わせると、さらに学ぶ量が上がります！

（けいた）

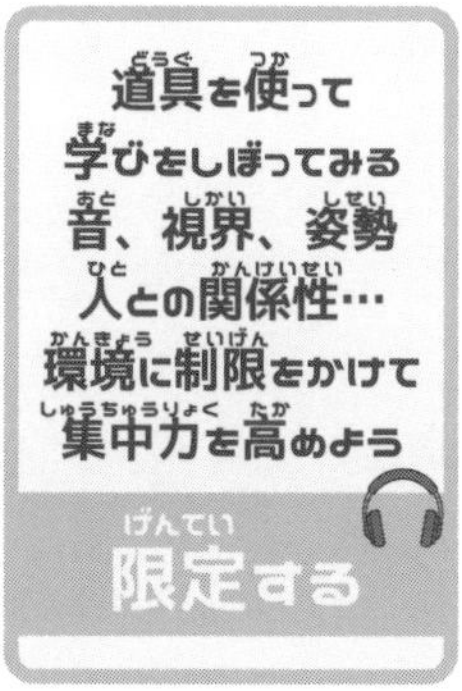

物事を限定することによって学びが加速していくことってありませんか。

家ではなかなか進まないから、カフェに行って仕事をすることがボクにもあります。カフェに行けば、美味しいコーヒーを味わえて、その場の空気やざわざわする音が、リラックスして集中を生んでくれます。ただ、**ボクにとってのカフェに行く一番の理由は、「やることを限定できるから」です**。

家の中には、たくさんのものや誘惑があります。カフェに行くとなると、リュックやバッグに入るように自ずと荷物は制限されるでしょう。また YouTube などのネットサーフィンも人の目や音が気になり、避けるようになります。選択肢が限定されて、物事に真っ直ぐ取り組める空間に、ボクはお金を払っています。

学校の中で、カフェに行くような状態をつくるには、教室を移動するなどが挙げられます。**しかし自分自身でも、「限定する」環境はつくれるのです**。

イヤーマフを使えば、まわりのざわざわした音は遮断されます。音がなくなった方がやる気が出る子は意外に多いです。特別支援の現場では、パーテーションがあって子どもたちの視界が気にならない工夫をしていると思うのですが、同様に仕切ったり壁を前にした机の配置にしたりすることで、視野を限定し、やるべきことに向かいやすくすることもできます。

時には、タブレットを手放して、紙のものだけで学習を進めることも「限定する」の1つです。このあたりのデジタル脳への危惧が少しずつ表面化されています。環境面の限定は子どもに任せるのではなく、先生手動で進めることも必要です。しかし、こうやって一緒に取り組むことで、子ども自身が自分の環境を考える一歩になります。

人は選択肢が多いと、学びに向かいづらくなります。集中力を削がれることにもつながってしまいます。

自分の中の選択肢を絞るうえでも、「限定する」を子どもたちは生かしています。

02

計画と振り返りのための「学びの地図」×「リフレクション」

次に、「学びの地図」と「リフレクション」を紹介します。

今まで説明してきた通り、学びの地図を使い、計画と振り返りを日々重ねていっているのが、ヒミツキチ森学園の学びの特徴です。

地図の力

皆さんは1週間の計画をして学習したことはありますか？　私たちは「学びの地図」を使って学んでいます。学びの地図とは、1週間の学び方を自分で書くためのシートです。

計画の仕方は、まず1週間の学びのゴールを数値化し、めあてを考え、スケジュールを考えて完成です。そして金曜日に振り返りをします。

私は、「地図の力」のおかげで、1週間の学びの進み具合がわかりやすいと感じています。そして振り返りのおかげで自分に合う学び方が見つけることができました。

1日のやることまで数値化すると、今日どこまで学ぶかがさらにわかります。そして、めあてとゴールを色付きのペンなどで囲うと、目につくようになると思います。ぜひ、地図の力を実感してみてください。


（みおりんご）

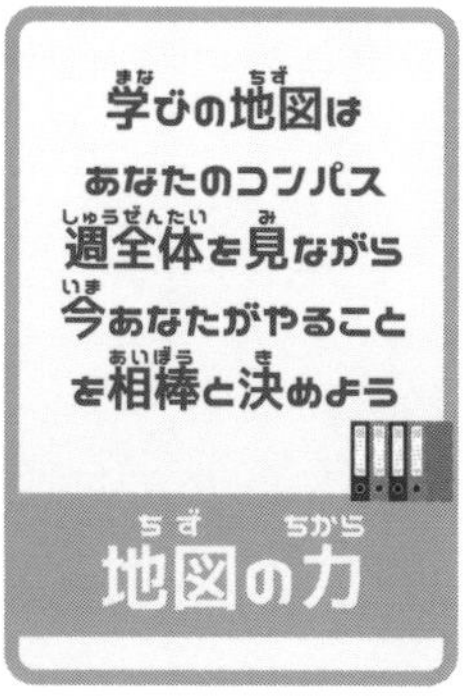

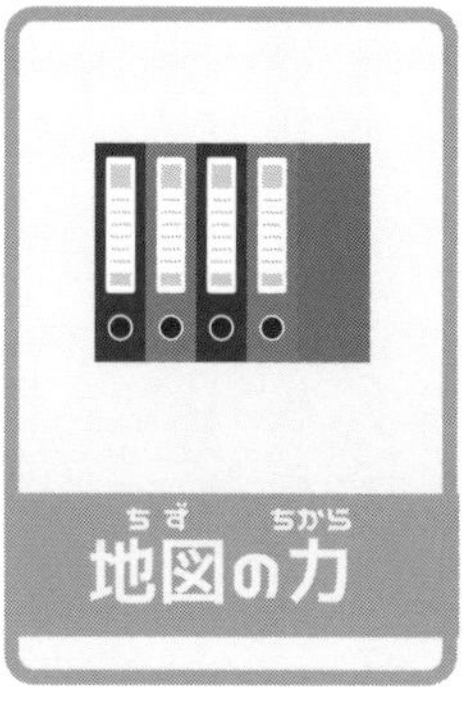

学びの地図をただ見よう見まねで活用すればいいかというと、それだけでは不十分です。ボクも以前、自由進度学習に取り組んでいたときには、自主学習カレンダー（200ページ参照）を活用していました。当時は、「その週にやること」が書いてあれば、十分だったのです。どちらかというと家庭学習との接続に重きを置いたこのカレンダーで、「自由進度

学習」がどの時間にあるかをチェックして、何をしたいかを書き込んでいました。

学びの地図は全く違うものです。

詳しくは46ページに書きましたが、**「何をいつ、どうやって学ぶかを決めるための計画」であり「活用して学びの現在地を知るツール」でもあります。**

さて、その生かし方ですが、せっかく立てた目標に対して学びの地図を使わない子も、一定数います。使わないというか、どう使っていいかわからないんですよね。立てた目標や計画とは違うものを、その日の感覚で学習し始めてしまう。もちろんその日の気分によっても変わるので、その気持ちは十分にわかります。ただ、感覚任せなゆえに、結果的に今週の課題とのズレが生まれてきてしまうのです。ゴールを見誤ったり、立てた計画の意味を忘れてしまうということが、低学年のうちはあるのです。

だからこそ、地図を見て、学びの方向を確かめてから、ブロックアワーをスタートしていくことには価値があります。

「さて、今日の学びは、今週大事にしたいことは、なんだったかな?」

毎日の一歩目は地図を開くことからです。

リフレクション

皆さんは今日の自分を振り返ったことはありますか？振り返りに「リフレクション」がとても役に立ちます。

例えば、その日にやったことや改善点をメモ用紙に書くと、次の日に前日の経験を生かすことができます。逆に振り返りを忘れると、書き忘れた日に見つけた改善点を直すことを忘れてしまいます。

毎日書くと1週間分のメモが見れて、振り返りの材料が増え、よりよい結果を出すことができます。実際、僕があまり集中できない日がありました。そのときのリフレクション（振り返り）を見ると、よく話す友達と勉強して集中できていないことに気づきました。

（たくみ）

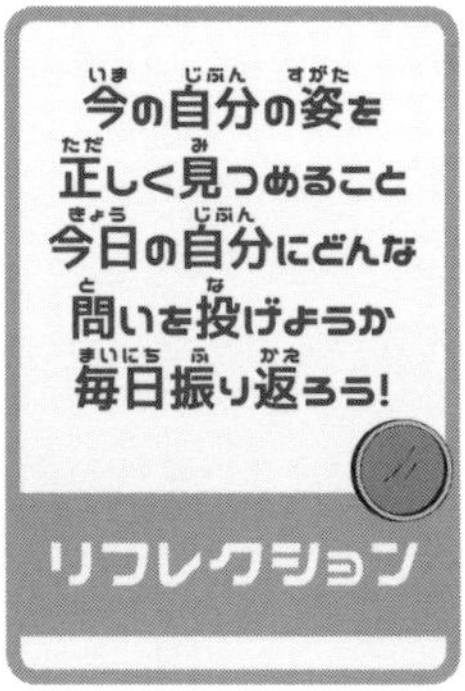

「振り返りは子どもも大人も常に起こっているもの」。学んでいる子どもたちを見ると、大先輩の言葉を思い出します。時間を取らないとやらない振り返りではなくて、常に自分の学び方を見つめ、「こうしてみるのはどうだろう！」と、考えている子どもたちの姿には感心させられます。

その種は、ブロックアワーの終わりの時間にあると思うのです。

「ねぇちょっと聞いてよ、○○が面白い方法見つけてさ！」

「△△、3年のテキスト終わりました！（拍手）やり方変えてみたんだって、みんな聞いてー」

そんなふうにグループリーダーが面白がって子どもたちの振り返りにつながりそうな内容を見つけては、皆に紹介していきます。

ボクらは**他者の姿から学び、振り返ることで、明日の自分を少しずつ変えていく冒険を重ねていきます**。…それがリフレクションです。

4年生以上の地図には、リフレクションメモの項目があり日々の気づきや振り返りをメモしていくことができます。日々の振り返りが、週末の大きな振り返りの材料となり、自分自身の振り返りが加速していくことを願ってのスペースです。

この文章を書いている日のこと、ある子は、「リフレクション」を今週のめあてにしていたのですが、1週間経った後、振り返ってみると、「役に立つようなリクレフションメモになってなかった」と振り返っていました。

「ただなんとなく書いちゃうと、あまり意味がない。じっくり考えて書かないと」

次の一歩を自分の在り方から振り返る「振り返りの振り返り」も様々なところで起こっていきます。リフレクションは毎週必ず行うことだからこそ、その範囲を1日単位にしたり、振り返りから振り返りをしたりするなど、リフレクションの活用を促す機会も大事にしています。

「学びの地図」とセットにして、この「リフレクション」が翌週の子どもたちの行動につながっていく、重要なツールであることは言うまでもありません。

03

適切な目標設定につながる「時間を使う」×「ピンを立てる」

さて次は、目標をどのように設定するかという部分について細かく書いていきます。

ピンを立てる意味

ボクらは「ピンを立てる」ことで、学習の道筋を明確にすることができます。

ぼーっとただやる1時間は、人によっては時間の無駄遣いになってしまうでしょう。ピンを立てることは、どんな意味があるのでしょうか。

ピンにもいろいろあります。

「何分まで集中する」という「時間ピン」を活用する子もいます。「15分まで、できたところをチェックする」と決めれば、そこまでの集中力は高まります。自分の中に、この時間までやるという集中のゴールを立てるイメージです。

また、「このページまでやる」という「達成ピン」を立てる子もいるでしょう。絶対にこのページまではやり切ると決めた子は、終わらなかった場合、その後の時間もやり続けていることがあります。達成ピンは子どもたちのゴールがより明確になります。

「ビジョンが何かではなく、ビジョンによって何が生まれるかが大事だ」と『学習する学校』で有名なピーター・センゲも話しています。成し遂げたい自分のピンを自ら設定することがまず大事です。そして、その立てたピンがどうだったかよりも、ピンを立てたことによって、変わる自分自身を子どもも確かめながら前に進みます。子どもたちもその実感があるのか、次のように語っています。

皆さんは目標を達成できなかったことはありますか？　僕は目標を達成できなかったとき「ピンを立てる」というツールを使います。

このツールは、学習の前に、今日はここまでやったらいいと思うところにピンを立てます。また、自分ができなさそうなところまでピンを立てて、自分のやる気を高めることもできます。課題が終わらないとき、自分ができなそうなところにピンを置いてみたら、スムーズに進めることが出来たんです。ピンを置くことで目標がはっきりして、自分の「目標を達成させる!」という思いが強くなったからだと思います。期限がギリギリだったとき、このツールに救われました。ぜひ使ってみてください。（ふく）

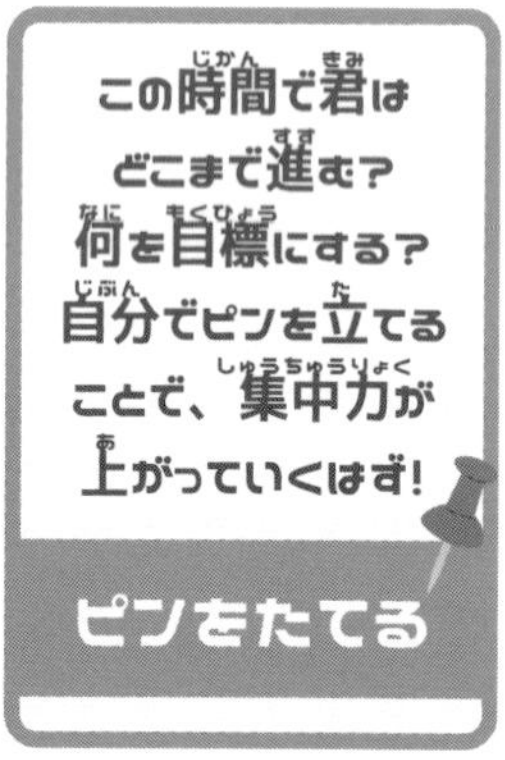
この時間《じかん》で君《きみ》は
どこまで進《すす》む?
何《なに》を目標《もくひょう》にする?
自分《じぶん》でピンを立《た》てる
ことで、集中力《しゅうちゅうりょく》が
上《あ》がっていくはず!
ピンをたてる

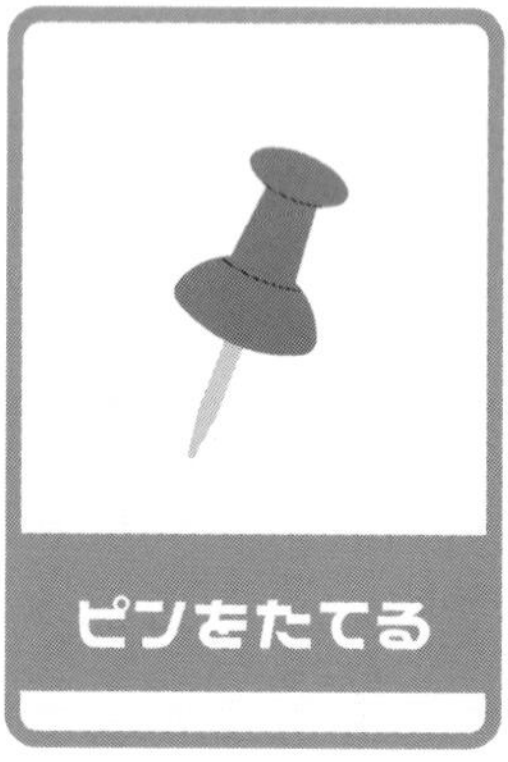
ピンをたてる

子どもの声にもあるように、時には自分ができそうにない、無謀なピンを立てることも価値があります。実際にやってみると、それができてしまうのです。

繰り返しますが大事なのは、ピンを自ら立てることです。まだまだ自分の在り方や現在地がわからない低学年は一緒に共通のピンを立てることもあります。時には同じめあてに対して、みんなで目指し、学習を終えて振り返ることもしていきます。

４年生以上は、自分でピンを立てる精度も上がってきます。適切な位置にピンを置けるようになるのです。ただ、それは数か月の取り組みでは難しいでしょう。**自分のことを知り、自分に合った学び方を知り、人とつながりながら学ぶことをプロジェクトアワーでも学び、ようやく、自分のピンの精度が上がってきます。**

公立小学校の現場では、もしかしたらいまだに毎時間のめあてがあるかもしれません。そのめあてを「ピン」と名前を変えて、それぞれに立てさせるのはいかがでしょうか。変更不可な目標やめあてよりも、状況に応じて位置をずらせる「ピン」の方がしっくりきています。

時間を使う

皆さんは集中して時間がわからなくなることはありませんか？　私はそんなとき「時間を使う」というツールを使います。例えば「タイマーを使って学ぶ」「時計を見るのを意識する」といった時間がわかるように工夫することです。
私はこのツールを使い始めて、始めと終わりが目に見えるようになり、メリハリがついて学びやすくなりました。今はいろいろな時計やタイマーが売っているので、それぞれのニーズに合わせて自分が使いやすい物を見つけてみてください。

（こゆキング）

「ピンを立てる」と非常に相性がいいのが、「時間を使う」です。
有名な理論に「ポモドーロテクニック」というものがあります。これは25分間仕事をし、5分休憩することを繰り返していく仕事上のテクニックです。手をつけ始めの勢いや、残りわずかというラストスパートの力ってあるじゃないですか。3時間ぶっ通しで集中してくださいと言われたら、読んでいるあなたはできますか？　取り組むべき時間が長いと、始める「初頭効果」や、ラストスパートの「終末効果」も生まれにくくなります。集中できる時間が短い

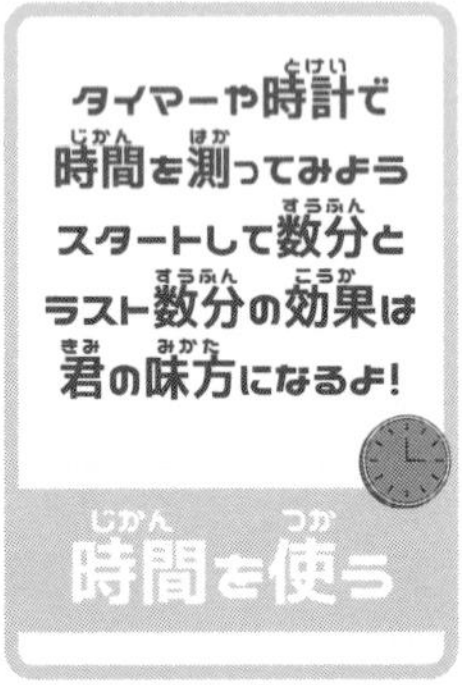

子どもたちなら尚更のことです。

毎回の国語の時間に漢字練習を10分入れるなど帯のように区切って学習をする「ユニット学習」は、この本を手に取る方なら、指導の経験があるかと思います。しかし、それを子ども自身で生み出すのは難しいですよね。そんなときに役立つのがこの「時間を使う」のツールです。時間を味方につけることで、子どもたちの学びもぐーんと進みます。


「時間」の概念は、大人でも難しく苦労します。気づけばネットサーフィンを15分してしまった…時間を無駄にしてしまうのは、よくあること。

そんなときはタイマーを使ってみましょう。ヒミツキチ森学園の学びのインストラクションは20分単位で行われています。この20分というのは、子どもたちの中でもキリのいい時間となっています。

ボクは自分の中であらゆるものの心理的ハードルを下げる実験をしています。やりたくない仕事をやるのは難しいのですが、タイマーのスイッチを押すのは簡単ですよね？ 10分間のタイマーを押してしまえば、不思議とやらざるを得ない気持ちになります。そうやって自分を騙し…いや、自分と上手に付き合いながら、大人だって進めています。

「時間を使う」は他のツールとの相性もいいです。「ピンを立てる」と一緒に使えば、立てたピンに向かうモチベーションをコントロールできます。「小さな一歩」と使えば、5分だけ進みやすくなり、驚くような効果をあげることができるでしょう。

共同学習の「インストラクション」と組み合わせて地図の計画をする際、考えているなぁと感心させられる子は、

「このインストラクションがあるから、そこまでは集中して取り組める「読書」を入れよう。インストラクションが終わったら、きっとその中でやることが生まれているし、もうお昼に近いから、話して進める「まなびぃ」を入れてみよう」

こんなふうにインストラクション込みで、自分の時間をどう生かすかを考えているんですよね。

2つのツールは大人の働き方にも大変有効です。ぜひぜひまずは大人が使うことでその価値を感じてみてください。

04
孤立学習に陥ることを防ぐ「仲間の力」×「フィードフォワード」

個別の学習を考えていく際に、孤立学習になってしまう…。皮肉を交えてそう言われることがあります。「個別学習が孤立学習に」。そうなってしまうのは、手立てを打たないからです。そして学習の構造がそうなってしまっているからです。

本来、自由進度学習や自立学習は、孤立学習にはなり得ません。どのような構造になっているかをよく吟味しないまま先生主導で始めてしまうことによって孤立学習になってしまう可能性が上がります。

・共同学習の時間がしくみの中にあるか
・プロジェクトアワーのような力を合わせないと成立しない学びの存在があるか

この２つは非常に大きいのではないかと思っています。

しかしそれと同じぐらい「仲間に頼る方法が、子どもたちに示されているか」も大事です。

ここでは、2つのカードから、共に学ぶその学びを見ていきましょう。

仲間の力

あなたは、1人じゃ解決できない問題に直面したことはありませんか？　そういうときには、仲間に頼ることが正解だと思うんです。

俺は人生すべて仲間や友達に頼ってきたと言うと過言ですが、三分の一ぐらい頼ってきた気がするんです。例えばシンプルに算数の式がわからないときに仲間に頼ったり助けを求めたりします。他にも、親友と本を一文字ずつ読んだり、仲間と何かを成し遂げたりすることも、仲間に頼っているということだと思うんです。仲間に頼

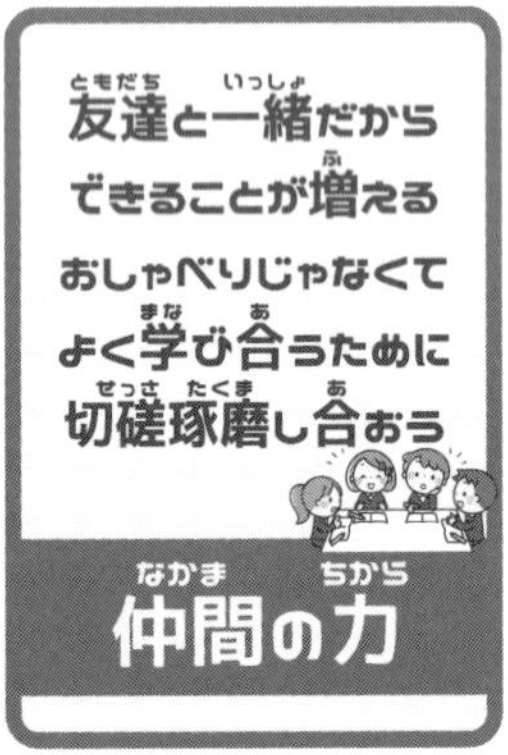

り・任せるっていうのは、学びの中でも友情を育むのに最高だと思います。（こうせい）

仲間と共に学ぶことが、個人の学びの中でも大きな役割を果たしているのがヒミツキチの学びです。

不安だから横にいてもらおうじゃなくて、「同じような漢字スキルの進度だから、一緒に覚えやすい方法を探ってみよう」だったり、「プロジェクトの学びで一緒にやるところがあるから、席を近くにしてみよう」だったり、そこには仲間の力に頼りながら学ぶ姿があります。

自分１人でも学ぶことができる、そんな１人が別の仲間と集まり、力を合わせることができたら…学びの効果は数倍にも膨れ上がっていきますよね。

ただ、うちの学園でも、このツールについては試行錯誤が続いています。

仲間に頼って近くの席になると、途端におしゃべりに花が咲いてしまうことも。学びなのか、おしゃべりなのかわからなくなることもしばしば。

お互いに低きところに流され合う仲間ではなくて、切磋琢磨し合える仲間になるために、次のフィードフォワードを大事にしています。

フィードフォワード

皆さんは個人的に頑張っているのに、なかなか学習が進まないことってありませんか？　そんなとき私は、「フィードフォワード」を使っています。

「フィードフォワード」は、「次は、こうしよう」のような前向きな形で考えることです。考えたことを書くことで、今やっている学びのポイントやコツを忘れずに前向きに意識することもできます。例えば私は、「集中力が続かないから休憩をもう少し入れてみよう！」などのように書いています。少しやってみるだけでも、自分のやる気が上がって、学びのスピードが上がります。

（ひーちゃん）

フィードフォワードは、未来に向けた改善や行動を促すためのフィードバックの一種です。通常のフィードバックが過去の行動や成果に焦点を当て、評価や改善点を伝えるのに対して、フィードフォワードは未来の行動や成果に焦点を当て、これからどうすればよりよい結果が得られるかを提案します。

例えば、フィードバックが「前回のプレゼンでは声が小さかったので、もっと大きな声で話してください」という内容だとすれば、フィードフォワードは「次のプレゼンでは、もっと自信をもって大きな声で話すとよい結果が得られると思います」というように、未来の行動に対するポジティブな提案を行います。

子どもたちの学びの場面では、実際には、他者に向けてのフィードフォワードか、自分に向けてのフィードフォワードか2種類があります。

他者に向けてのフィードフォワードの3つのポイントを挙げてみます。

・優しい言葉を使う
・具体的に伝える
・相手の意見も聞く

ボクら先生が進んで他者に関わることはできます。ただ、子どもたちもこういった具体的な方向性があると、進んで関わることはできるようになります。仲間の力を生かすと、フィードフォワードの価値が高まります。

自分にフィードフォワードをする場合は次の3つのポイントで行っています。

・ポジティブに考える
・ベイビーステップを意識する
・振り返りを忘れない

特に2つ目のベイビーステップは大事です。あれもこれもじゃなくて、実験結果を判断するように、まずは1つ変えることを見つけるのです。1つを小さく試してみて、また次はどうしたらいいかを考える。その繰り返しです。

こんな試行錯誤を小学生時代から続けていたら…面白い子どもたちに育っていくはずです。どんな子どもたちが育っているか、ぜひヒミツキチに、見に来てください。

05
学びが大きく加速する「ログを取る」×「調整力」

フィードフォワードを含めた３枚のツールカードは上級者が扱えるものとして、ヒミツキチでは捉えています。最後の２枚のツールは、学びを大きく加速させることもありますが、子どもによって、合う合わないがあるぐらいの認識で捉えています。

それでも、このツールが往還の役に立つのは、プロジェクトの学びも見据えているからです。

ログを取る

皆さんは、計画するときに自分はどれくらい時間がかかるかわからなくなることはありませんか？　そういうときは、「ログを取る」というツールを使うのがおすすめです。

「ログを取る」を使ってみると、自分が考えていた計画時間よりも長くかかっている場合があります。逆に、短かった場合に、自分の限界を少しずつ伸ばせる機会にもなります。

私は忘れん坊なので、ログの存在をすぐ忘れてしまいます。そういうときは、「ログシート」というものを隣に置いて勉強をやったり、時計ではなくストップウォッチを使ったりすると忘れないでできます。ぜひ使ってみてください！


（かほ）

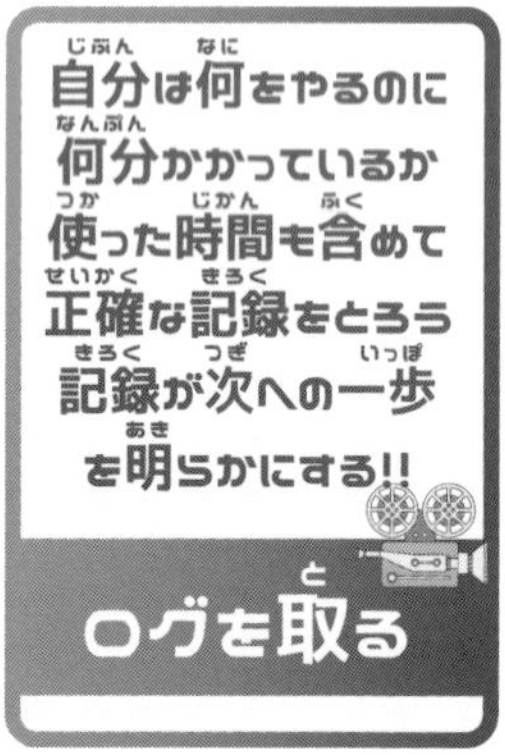

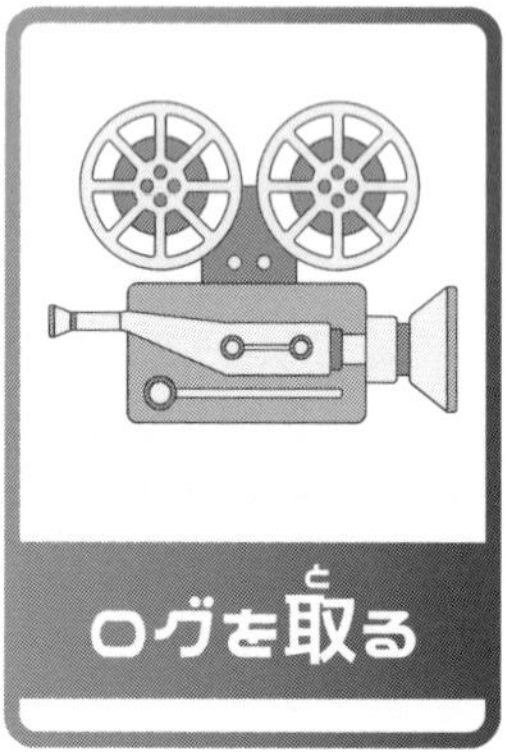

ログを取る重要性は前述の『先送り0』という本に詳しく書かれています。ボク自身、こういったログを残すことはすごく苦手。でも、あなたのまわりにも、自分がやったことを記録するのが好きな人はいませんか？　子ども時代を思い出してみても、割といたんで

すよね。プロ野球の勝敗表をずっと書いている友達など、皆さんも心当たりがありませんか。自分のやったことを記録していくことには大きな価値があります。

・正しい記録から、振り返り、次の一手が生まれる
・記録することで、時間に対する感覚を研ぎ澄ませられる
・フロー状態が生まれやすくなる

まずは、正しい記録から。子どもたちは自分たちの学びを自分で設計していますが、その感覚はまだまだ曖昧です。「うまくいったような気がする」感覚に任せると、自分に対していくらでも甘くなるものです。心理学的には、自分自身を過大評価する傾向が強いため、「自分はよくできている」という感覚をもちがちだと言われます。

ログを正確に取るには、始めた時刻、終わった時刻、かかった時間があれば十分です。実際に記録してみると、子どもたちも気づきが生まれていくことに驚きます。

「思ったより、この漢字練習は早く終わるな」
「20分って見積もっていたけど、その倍はかかっていたな」

鈴木祐著『ユア・タイム ４０６３の科学データで導き出した、あなたの人生を変える

最後の時間術』では、タイムログを取って効果があるのは、「想起の誤りが大きい人」または「想起が肯定的すぎる人」だと書かれています。簡単にいうと、見積もりが甘い人です。**もっと自分はできるだろう、今回も大丈夫だろう、そういう思考になりがちな人ほど、「ログを取る」が効果的になるそうです。**

ログを取ったことによる様々な気づきが、自分の時間感覚を研ぎ澄ましていくきっかけになります。ログを取ることで、「5分あれば、こんなことができそうだぞ」と、間の時間にも気づきやすくなり、自分の学びをどうデザインするかにこだわり始めた子も。

よく「記録を取ることで、苦しくならないんですか?」と聞かれることがあります。でも記録を取ることで、ボクは安心してやりたいこと、やるべきことをログに任せておくことができます。自分自身が集中して入り込みやすくなるんですね。それがフロー状態を生みやすくするんです。さらに自分のことを深く知ることにつながります。

「ログを取る」は合う子と合わない子がいることも前述の通り。ただこの記録にこだわることで伸びていく子もいるというのは知っておいてほしいです。

調整力

皆さんは課題が多くて終わらないことはありませんか？　そんなときに役立つのが「調整力」です。課題が多いときは「調整力」を使います。

「調整力」とは学習の後に、計画表を開いて今日終わらなかったところを見て、振り返ることです。次の日の予定を見て、終わらなかった課題をどこに入れるか考えて、計画表に書き込みます。「調整力」を使わずに過ごしていると、やり忘れていた課題があることに最終日が近づいてきてから気づきます。その日にやらなくてはいけないこともあって、結局終わらないことが私にもよくありました。

でも、毎日この調整力を使えば、自分の終わらせたい

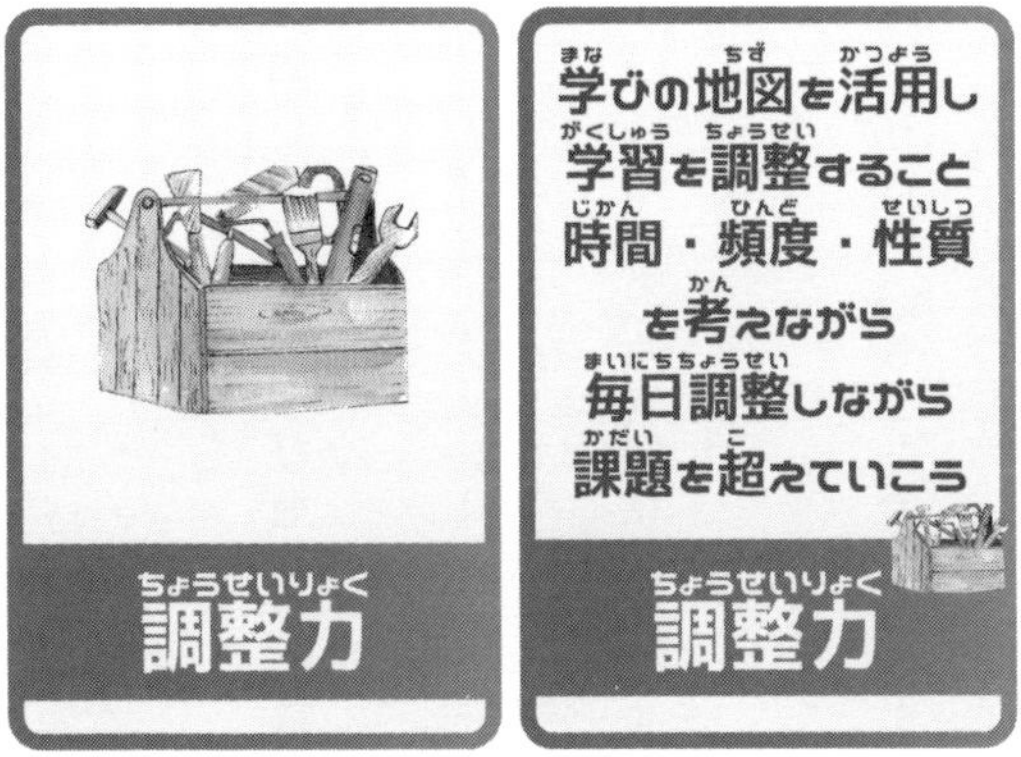

目標のところまでちゃんと終わらせることができて、達成感が生まれ、嬉しい気持ちになれます。（きなり）

「調整力」は「地図の力」と似ているのですが、**地図を活用し、自分の学びを日々の時間の中で調整していくこと**に主眼を置いています。

1日が終わると、できたところやできなかったところが生まれます。大人の1日もそうですよね、計画しても終わらないことは多いでしょう。終わらなかったものは、実際に次の日にやるのか、それともやらなくてよかったものなのか、子どもたちも判断に迫られます。このときも「学びの地図」という武器があると、調整しやすくなります。

今日やったことによって、次の日の予定が変わることもあるでしょう。そういったときは次の日の地図を書き直して、できなかった学びを次の日に入れ込むのも1つの方法です。

反対に思ったよりできたということもあります。次の日にやる予定だったのに終わっているところに、時間のかかる課題を入れ込むことで、スッと学びに入っていけそうです。

学びの地図の一歩進んだ使い方、これが「調整力」です。

06

２つの学びの往還と「ＳＥＬ」の重要性

ＳＥＬが溢れるヒミツキチの教室

ブロックアワーとプロジェクトアワーの最後のピース、それがＳＥＬです。ＳＥＬは「Social and Emotional Learning（社会性と感情の学習）」の略です。これは、子どもたちが自分自身や他者との関係を理解し、感情を管理し、適切な意思決定を行うためのスキルを学ぶ教育プログラムです。ＳＥＬは、自己認識、自己管理、社会的認識、人間関係のスキル、責任ある意思決定などの５つの主要な領域に焦点を当てています。これにより、子どもたちが学業だけでなく、社会生活でも成功するための基盤を築くことを目的としてい

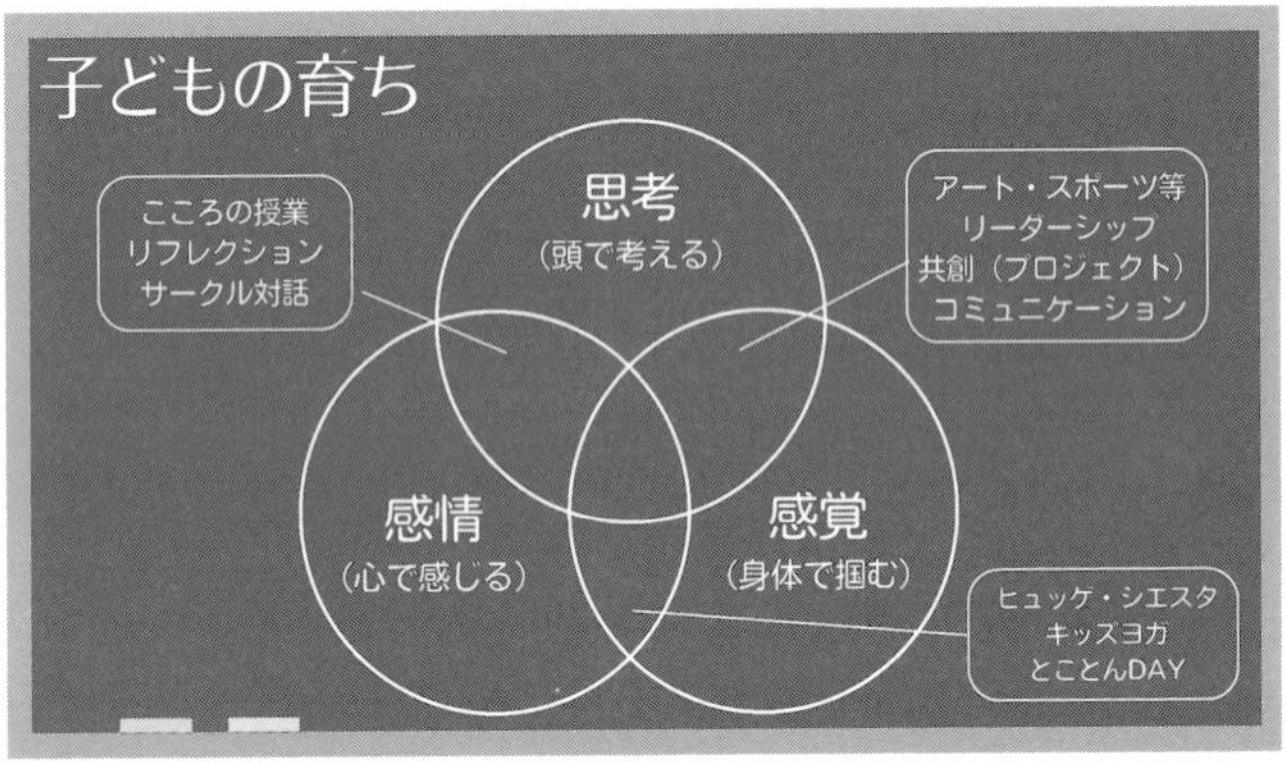

ます。

一通り説明をしたのですが、「じゃあＳＥＬって何？」という声が聞こえてきそうです。

ヒミツキチでは上の図の考え方を大事にしています。思考に偏ってしまうときは、人は身体だったり、心だったりを使いたくなります。**ＳＥＬは３つの部分をバランスよく使って学ぶための、学びを補完するもの**だと思ってもらえるとわかりやすいのではないでしょうか。

ヒミツキチで取り組んでいるＳＥＬは次のようなものがあります。

・キッズヨガ
・こころの授業
・呼吸法（メディテーション）

・サークルタイム
・リーダーシップ
・リフレクション

本題ではないので、一つひとつを扱うことは避けますが、自分自身の感情や他者の感情をどう扱うかということを常に学んでいます。授業の中でも、それ以外の時間でも同じように大切にしています。

ＳＥＬがもたらす学びの往還

感情をどう扱うか、感覚はどうかを考えるのは、イエナプランでいうところの、１日のリズムを考えることにつながります。一人ひとりの子どもそれぞれにもっているリズムがあります。それらが集まると「クラス全体の雰囲気」といった言葉で表現されることもあります。

クラスの雰囲気が重い…　なんか教室が今日はノっているなぁ…

そんなふうに感じたら、**そこには子どもたちの感情や感覚の違いが見えるはずです。**Ｓ

ELはそれらをどう扱うかを考えていく学びでもあります。

ラーニングプロジェクト「グッズづくり」は、ヒミツキチ森学園の公式グッズをつくるプロジェクトでした。ヒミツキチに関わる人が使いたいグッズは何かを考える際に、「体感留学」(体験入学)をする子が使いたいグッズは何かについて考えていました。

「体感留学の子が手に取りやすいグッズは何?」

このような問いを出してみたのですが、アイデアが出てきません。そこで、一度みんなに目を瞑ってもらい、ゆっくり呼吸を促します。

「みんな一度は入学前、ヒミツキチを見学に来たことがあるじゃん。そのときを思い出してみよう。あなたの前では、ヒミツキチの子たちが使っているものが見えます。あなたはそれで、わぁ使ってみたいと思っています。あなたのテンションが上がるそのグッズをイメージして、実際に手にしてみましょう。3回深呼吸したら戻ってきて」

思考ではなく感覚や感情に訴える活動を入れると、その後1年生も意見を出すのが止まらないほど…たくさんの意見が出てきました。

07

ＳＥＬが溢れるヒミツキチの教室

新たな道徳？「キッズヨガ」

ここで、ＳＥＬ溢れるヒミツキチの教室をもう少しのぞいてみようと思います。

ヒミツキチでは、学びの往還を生むのに、教科まではいかないけれど、「教科のような取り組み」になっているものが存在します。あえてつくっているわけですが、その中でもキッズヨガは、子どもたちも大好きな学びです。

ボク自身、Ｙｏｇａ Ｅｄ．という団体でキッズヨガの資格を取り、アレンジして授業を行っているのですが、実践してわかったのは、「これって道徳だ」ということ。道徳のようにテーマをもちながら、今の子どもたちに大切なことを取り組んでいきます。

呼吸法では、テーマに合わせて呼吸を選びます。例えば「繊細さ」がテーマだったら、フッと両手を合わせて人差し指を立てたろうそくに向かって優しく息を吹く「ろうそくの呼吸」を行います。

ディスカッションは、テーマについて考える時間です。「繊細さって何？」をみんなで考えます。強い力の動きとどこが違うのか、それらはどういう気持ちにさせるのか、どちらがやりやすいのか、呼吸の仕方は違うのか、また、毛糸を結んだものを手渡して、結び目を解くというアクティビティを実際にすることで、経験しながら味わうことも大事にしています。

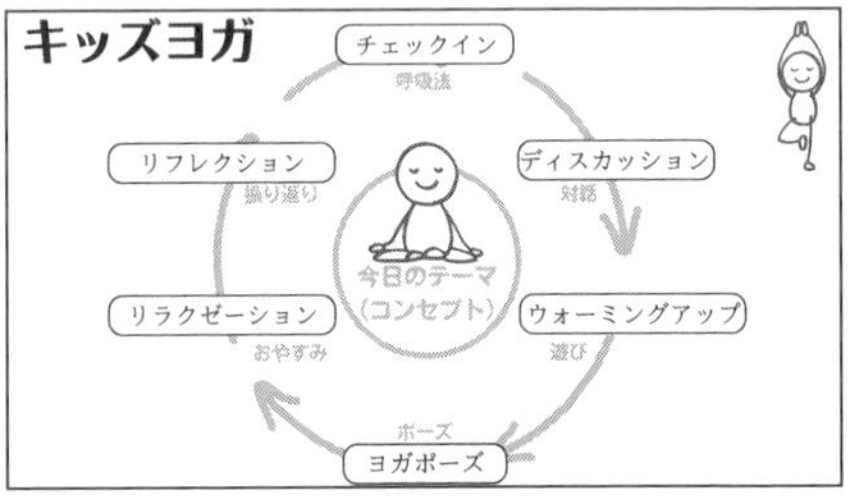

次にウォーミングアップです。少し頭寄りになったディスカッションから、体や心が動くようなレクを楽しみます。

その後にヨガポーズを扱います。例として「繊細さ」を挙げると、指先に意識を向けたり、丁寧にポーズを取ったりができるような声かけをしながら、ポーズを楽しみます。ここでは「星空観察」や「海外旅行」などのストーリー仕立てのポーズを楽しむことも多々あります。**頭だけでなく、身体や心でテーマを存分に扱うのが特徴です。**

続いてリラクゼーションの時間を迎えます。頭も身体もリラックスできる状態になれる言葉を届けながら、ゆっくりと身体を伸ばします。みんな楽しみな時間です。

そして最後は、テーマについての振り返りをします。体験したことを言葉にします。「繊細さとはどんなことだと感じたか」「繊細さを生かすには、身体のどんなところに気をつけるとよいか」など、テーマに合わせた振り返りの問いを用意しています。

ヒミツキチで行っているキッズヨガの流れを説明しました。中でもボクがよく驚くのは、最後の振り返りの時間です。**子どもたちの振り返りの言葉の質がグッと上がると、振り返りの言葉の量も増えるのです。**いつもは言わない子が、この振り返りの時間になると、話していることが多いです。これはなぜ起こるのでしょう。それは、身体と心がしっかりとつながって、思考以外の部分が刺激されているからだと思います。

ボクら先生が思考だけに頼らず、身体と心をいかに学びの中に取り入れていくか…ＳＥＬは間違いなく、今後50年ぐらいかけて、教育の中で大事にされていくでしょう。

COLUMN 4
ＳＥＬですべてがつながっていく

この章では、10のツールカードと、ＳＥＬについてお話しさせてもらった。ただＳＥＬというと、「感情の教育？　大事だけど具体的に何をするの？」と考える方もいるのではないだろうか。もちろんこれから、Yoga.Edのように、体系化されていくのだろう。ただ、皆さんも感覚的には掴んでいるのではないだろうか、教室の子どもたちの感情を置き去りにしてはいけないということを。

ボクは初任校のとき、お世話になった先輩がたくさんいた。今でもその人たちのことが好きだし、非常に魅力的な先生たちだ。ある年、先輩たちのやり方を真似てみた。手応えはあったものの、年度終わりの２月に、左肩が上がらなくなった。明らかにストレスを感じていた。やり方がボクには合っていなかったのだ。先輩の指導は、ボクには何が合っていなかったのか…それは、子どもたちの感情を配慮していない指導だったこと。厳しい中にも優しさがある指導は、先輩たちだからできたこと。ボクにはそこまでの力がなく、調整できなかったのだ。

子どもの感情を置き去りにしない。それ以降も、ボクはたびたび間違えるし、子どもに謝ることもあるけど、大事なものは何かを考え、間違えてもそこに戻ってこれている。感情が通じ合い、相手の声がよく聞こえ、自分の声が届くように、年々なっていると思う。

それとは全く違う文脈でヨガに出会った。2010年ごろ、アキレス腱を断裂した。どうやらハムストリングの筋肉がおじいちゃん並みに硬かったみたい。どうやったら柔らかくなるかなぁと考えていると、海外旅行先のホテルで試したヨガのことを思い出した。「あれ、ヨガって気持ちよかったなぁ」その感覚をふと思い出した。アプリを使ってヨガに取り組むようになって以降、同じスポーツをやっていても、アキレス腱断裂の心配はなくなった。本格的に取り組んでみたいと思って、資格を取ることにした。どうせやるならキッズヨガの資格もほしい。とってみると、実はそれがＳＥＬとつながるヨガだった。

システム思考教育家の福谷彰鴻さんにはすごくお世話になっている。彼とずっと続けてきた「学習する学校」の学びについても、昨年香港に行きピーター・センゲ本人から学ぶことができた。システム思考と親和性が高いと言われ、ＳＥＬと融合した学びを目にし、世界もそこに注目していることを確かめることができた。

自身の経験や学んできたものが、どうやらＳＥＬでつながっているらしい。子どももＳＥＬの学びに心地よさを感じている…それがボクらが日々ＳＥＬを実践している理由だ。

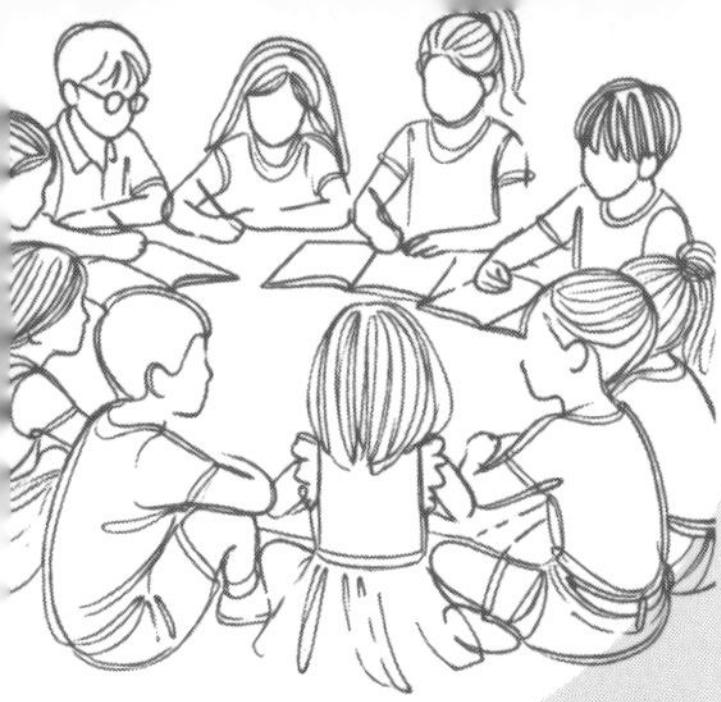

第4章

自立型往還学習の中で子どもの学びをどう見取るか

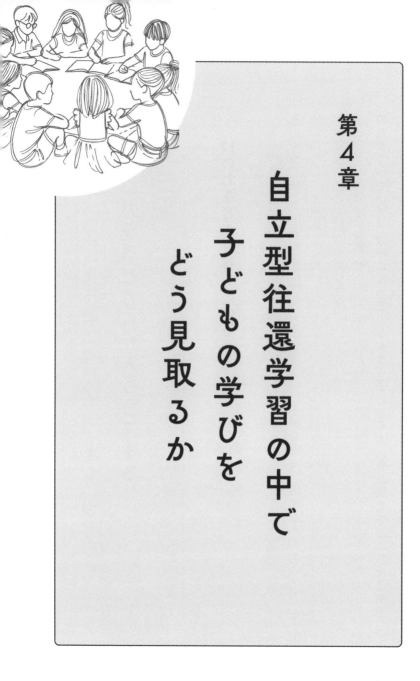

01

つけたい力を子どもも大人も意識する

12の力をどう共有しているか

ヒミツキチ森学園のコンセプトは95ページの通りです。4つの大きな力があり、「生きる力を育む」「人とつながる」「学び方を学ぶ」「自分を知る」それぞれの力をもう少し具体的にしたのが前述した12の力になります。4つの力を具体的にしたものが3つずつ、クラスごとに12の力になっています。

ヒミツキチでは、何ができたとか、人と比べてどうかではなく、これらの力のうち、**どの力がついていて、強みになっているかを、子どもも大人も意識できるような工夫**をしています。

この力が生かされるのは次のような場面です。

・ポートフォリオによる振り返り
・ラーニングストーリー
・ヒミツキチレター

ポートフォリオというのは、どの力が伸びたかを、子どもたちが具体的な場面で振り返っていく活動です。自分たちの学びをどう残していくか、そしてどんな力が伸びたと感じているかを、ポートフォリオに綴じ込んでいきます。森クラス（1～3年生）はファイルに実際に入れていくのに対して、海クラスはデジタルのポートフォリオをつくっています。

ラーニングストーリーはこの後の155ページでも書きますが、グループリーダー同士、そして親チーム（保護者）と共に、まなざしを共有する大事な取り組みです。**このストーリーを通して、どんな力がついているか、子どもたちの親にも考えてもらう機会になります。**

ヒミツキチレターは、半年間を通じて、どんな力がついたかを共有するための手紙です。

その子にとっての半年間の軌跡を眺めながら、成長を祝う機会になります。これは前期と後期の最後の実施している三者面談で、子どもに読みつつ、問う形で話を聞きながら丁寧に手渡します。詳しくは166ページにあります。

つけたい力については、それぞれの力の伸びをどう実感しているかを共有することを大切にしています。**掲げているものが形だけにならないように、大人だけのものにならないように、子どもも大人も意識し、その都度確かめ、祝っていく**。そんな時間を大切につくっています。

学びの往還にどう役立つのか

学びの往還を、その2つの時間や現象だけで捉えてしまうと、物事は難しくなってしまいます。自由進度学習を、自由進度学習の文脈だけで捉えてしまうと難しくなるのと同様です。ブロックアワーとプロジェクトアワーの往還が起こり続ける学びの状況を、たくさんの関係者で共に捉えていくのです。

ボク自身が小学生の娘をもつ親になって気づいたこと、それは、**学校のことはほとんど**

わからないということです。

行事についての連絡や、お願いは来るけれど、学級の中で起こっていることや娘の学びの様子については、娘の話や宿題を通じてしか伝わってきません。

でも、**娘にどんな力がついているか、どんなことに熱中しているか、それは親として知りたい**と思うのです。もしかしたら、学校での様子は、家でのそれとは違うのかもしれません。学習ができている、できていないだけではなくて、力としてどんなものがついているか、より近くにいる大人の視点でこそ共有できるものがあるはずです。

ヒミツキチでは、そんな眼差しを丁寧に共有しています。我が子が関心を寄せていることに、違う視点から関心を寄せる…。家庭で見えている面に加えて、親が見えない一面を知ることができたら、子どもの成長に多面的に関われると思いませんか？

02

非認知能力の重要性

非認知能力とは

近年話題になっている非認知能力も、学びの往還を支える要素として挙げられます。文部科学省でも、小学校段階における非認知能力の重要性を強調しています。非認知能力とは、単なる学力では測れない能力のことです。このスキルには、忍耐力や自己制御、自尊心、協調性などが含まれ、これらの能力は子どもたちが将来の社会生活で成功するために不可欠とされています。学習指導要領では、「主体的・対話的で深い学び」が目指されており、これは非認知能力を伸ばすための重要な手法と位置付けられています。具体的には、探究的な学習を通じて子どもたちが自ら課題を設定し、他者と協力して解決に向かうプロセスで、忍耐力やコミュニケーション能力を育んでいくことなどです。

また、OECDのラーニング・コンパスでは、非認知能力に関連する「社会的情動的スキル」が重要視されています。このスキルには、自己認識、自己管理、社会的認識、関係性スキル、責任ある意思決定などが含まれ、学習者が生涯を通じて学び続け、幸福を追求するために不可欠とされています。

日本でも世界でも必要だとされている非認知能力。これらは本来、教科学習の中だけでは捉えられないもので、往還学習の中でこそ育んでいけるのではないでしょうか。「今までの教育でも取り組んできたじゃないか」…そんな言葉が聞こえてきそうですが、そうではなくて、**改めて意図をもって教室で、学校で展開されることが重要だと考えます。**

さて、ヒミツキチではどのように非認知能力を育むことと向き合っているのでしょうか。

12の力とラーニングストーリー

まずは、前述の12の力（ラーニングディスポジション）です。これ自体がまさに非認知能力の指標となっていて、大人も子どもも大事にしています。

それが表出されてきた子どもたち一人ひとりの物語のことを**ラーニングストーリー**と呼んでいます。もともとニュージーランドの保育にルーツをもつこのラーニングストーリーは、保育現場だけではなく、小学校の現場でも近年活用が見られます。

丸亀ひまわり保育園・松井剛太著『子どもの育ちを保護者とともに喜び合う Learning Story はじめの一歩』では、ラーニングストーリーとは、「何かに関心をもってかかわっている姿を、その子を主人公にした小さな物語のように書き綴っていくことで、その子がどのように学んでいるかを浮かび上がらせ、その子に関わる関係者みんなで共有し、次の保育の展開を探っていく取り組み」と書かれています。小さな小さなストーリーを見つけ、それをみんなで愛でていく…。そんなイメージなんですね。

このラーニングストーリーは、もう少しわかりやすく言うと「パーソナルな学級通信」になります。ボクも公立教員時代、学級通信を発行していました。しかしあるとき、**このスタイルって一斉授業と同じだ**と気付きました。全体に向けてつくった内容になるため、各家庭に届きにくくなっていると感じたのです。当時から自由進度学習に取り組んでいたこともあり、もっと一人ひとりに合わせた形にすることが大切なのではと思いました。

公立教員時代は、それを「一筆箋」という方法で届けたのですが、今は、ラーニングストーリーとして届けています。ニュージーランドで発展した「Storypark」というアプリを使って、各家庭に我が子の育ちの物語が届くようにしています。

保護者の方がコメントを返してくれることもあります。家庭での見え方、自分の感じ方など、内容は様々ですが、そういった本人以外からの眼差しを共有していくことに価値があると思っています。

時間はかかるものの、**眼差しの共有は、子どもたち自身の育ちに影響を与えていきます。学びや成長の共通言語を増やすことにつながるのです。**

このような取り組みを通して、子どもたち以外の他者で情報を共有しながら、非認知能力の育ちを眺める視点を増やしています。

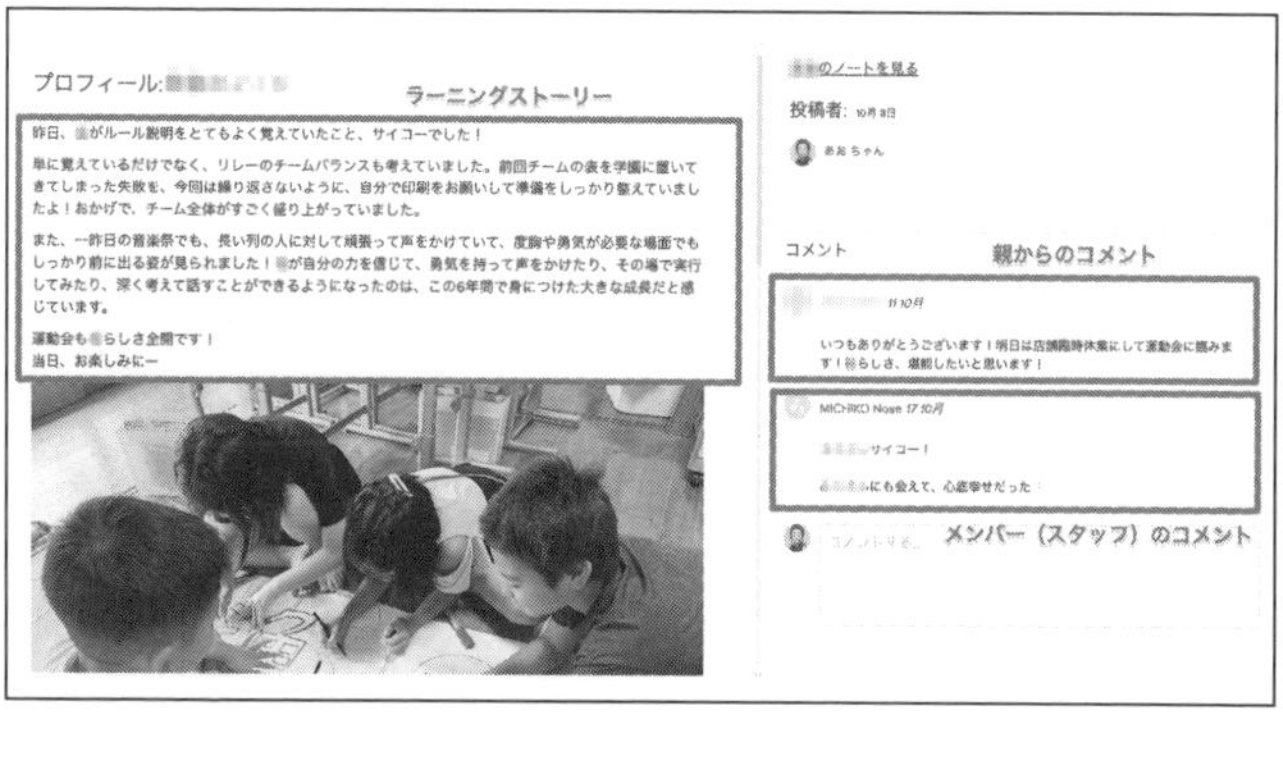

03

自立型往還学習における「学びの把握」

さて、ボクらは子どもたちの学びをどう把握していくべきなのでしょうか。現段階で取り組んでいること、これから取り組みたいことに分けて話をしていきます。

個の学びの把握

個の学びの把握はどうするのか、これは自由進度学習の文脈でも話題にあがることです。公立教員時代の自由進度学習は、各自の進度についてメモを取りつつ、関門となるチェックテストを入れることで学びの把握をしていました。ただ大多数の把握をメモと丸つけというマンパワーに任せることには限界があり、どうしたものかと考えていました。

そこで、子どもたちに振り返りを提出してもらって、いっそ子どもたちが振り返りと記録を兼ねて進めていければ、個の学びの様子が自然と集まってくるのではないかとも考えました。**学びの記録が集まってきて、子どもが自ら活用できる**というのは、今でも大事にしている考え方です。

さて、ヒミツキチではどのようにやっているかというと、まだ、自動的に集まってくる状態をつくることまではできていません。（24年10月現在）。

個の学びの状況はNotionというアプリで共有するようにしています。入力はグループリーダーからの視点で書き連ねています。

その子がどんなことを目標にしていて、どんなつまずきがあるのか、次に生かせるものは何かをメモしていきます。このメモには、各自の毎週の計画時のことや、振り返りの中身も記入されていきます。グループリーダーが主観的に、ＡＩに頼った情報収集を主としようかと試しましたが、学びをどう見取っているかも大事な視点です。**人が人を見取るからこそ、そこからさらに生まれる学びには価値があります。**

回答結果一覧（先生のみ表示） 更新

	回答時間（分:秒）	正誤	出題内容	問題ID
51	9月26日 10:45	○	小数倍②何倍かをもとめる	13722
50	8分39秒	×(2回目)	小数倍②何倍かをもとめる	13722
49	9月19日 10:47	×(1回目)	小数倍②何倍かをもとめる	13722
48	3分11秒	○	小数倍②何倍かをもとめる	13721
47	1分58秒	×(1回目)	小数倍②何倍かをもとめる	13721
46	22分28秒	○	小数倍①くらべられる数をもとめる	13720
45	9月16日 16:25	○	小数+整数の筆算：がい数で答える 練習	5935
44	9月11日 10:03	○	小数+整数の筆算：がい数で答える 練習	5934
43	9月3日 10:08	○	小数+整数の筆算：がい数で答える	5933
42	9月2日 08:40	○	小数+整数の筆算：がい数で答える	5932
41	22分59秒	×(3回目〜)	小数+整数の筆算：がい数で答える	5932
40	2分35秒	×(2回目)	小数+整数の筆算：がい数で答える	5932
39	35秒	×(1回目)	小数+整数の筆算：がい数で答える	5932
38	9月1日 19:44	○	小数+整数の筆算：わり切るまで計算する	5931
37	8月30日 16:26	○	小数+整数の筆算：わり切るまで計算する	5930
36	9分41秒	○	小数+整数の筆算：わり切るまで計算する	5929

主観的な見取りを補足するように、ＡＩなどを活用して自動的に集まってくる要素も活用します。

かず（算数）などで使っているeboardというアプリは、それぞれの学習状況がリアルタイムで入力されていきます。

画面上を見ていただけるとわかる通り、正解や不正解だけではなく、１つの問題にどれだけの時間をかけているのか、どこで何度つまずいているのか、正答率はどれぐらいなのかまで情報が集まります。ＧＩＧＡスクール構想で、様々な学習ツールも浸透してきているので、同じようなことは学校現場でも実現されているのではないでしょうか。

ボクが驚いたのは、今までその子１人に１時間ずっとつきっきりで情報を集めないとできなかったことが、全員分オンタイムで集まってくるその情報精度です。子どもたちへのアプローチは、主観的にグループリーダーが見取ったことも大切にしつつ、集まってくるデータも加味しながら、毎度考えて決めています。**アナログという主観だけだと、自分の感覚に頼ってしまうのですが、このようにデジタルによる客観的な情報が多方面から得られることで、アプローチの精度も上がっていきます**。アナログとデジタルのハイブリッドが子どもの学びを支えているのです。

子どもがつくる学びの把握

ヒミツキチでは、週に1度、グループリーダーもリモート日を取ることを実施しています。遠くにいたり、自分がいなかったりする日にどんなことが起こっているかは、「学びシート」を見ることで共有されていきます。

これからは、**子どもたちが自分たちで記録していく習慣をつけられるといいな**と思っています。４〜６年生は１人１台のＰＣ（タブレット）があります。自分の学びを把握するために詳細を書き、まわりの友達の振り返りを読むことは、子どもにとってもプラスになるはずです。子どもが書いたものが学習の把握になっていたり、相互評価の様子をボクらが見ることで、子どもをさらに多面的に見ることにつながったり…。「自分たちでつくる学びの把握」はさらに子どもの可能性を広げていくはずです。この本が皆さんの手元に届いているときには、スタートできているといいのですが…。またボクに会ったときに聞いてみてください。

学びを多方向から眺めてみる

学びを把握するとは、**学びの要素を単体で見るのではなく、その子自身の学びの特徴を全体性を保ちつつ見ていく必要があるということ**。ヒミツキチでは子どもたちが「学び方を学ぶ」ことを大きな柱の1つとしています。

学び方には、その子自身の特徴が出ます。それは、算数が得意で国語は苦手といったものだけではなく、もっと広く見ていく必要があるのです。

例を挙げると、ある子はノートの取り方を工夫したり、立ったまま学んだりするのが得意。苦手な教科に意欲的に取り組む姿は見られなくても、自分なりの考え方を大事に学び方を探究している。一方でプロジェクトでは、友達と一緒に学ぶことに苦労していて、自分の色を出すために1人で取り組みがち。でも一緒に学ぶことで自分がもっともっと成長していくことには気づき始めている。…といった観点です。

ここでも「自立型往還学習」の視点から、ブロックアワーだけではなくて、プロジェクトアワーでの特徴も合わせながら把握していく必要があります。**何かを分けて、細切れにして、一つひとつ把握しようとすると、全体性を見失いがちになります。**スキルを把握できたら、その人の学びや、その人自身のすべてがわかったような気になってしまうのです。

でも、**人はもっと複雑な要素が混ざり合っていて、1人の人間として教室にいます。**その特徴を何かができる、できないだけで把握していくのはもったいない。子どもたちの人間らしさ、器用さや不器用さ、暮らし、思いや気持ち、いろんなことを知っていきたいと思っています。

誰かを深く知ろうとするその人格こそ、ボクら先生に求められることなのではないでしょうか。

04

保護者への学びの共有の在り方

学びを保護者に共有することの観点では2つのことをしています。

学習進度表の共有

1つ目が、学習進度表の共有です。A、B、Cという段階や到達度による評価ではなく、「どこまで進んでいるか」という進度の確認のようなものです。学習指導要領に合わせて、子どもたちがどの程度の内容を学んでいるかを示すことは、保護者にとっても安心できる材料になります。

数値や段階での評価は、相対性を生み出します。**「私と誰かを比較して、私の価値を考**

えること」はもうやめにしたいです。

「入試システムが変わらない限り、絶対評価とは名ばかりの相対評価が繰り返される…」よく現場で話していたことです。ただ幸いなことに、今は入試システムも変わりつつあります。中学入試でさえ、その子の資質やこれまで成し遂げてきたことを評価する学校が少しずつ増えてきています。

自由進度学習などの個別の学びについて真剣に考えていくには、評価についても、従来の在り方を踏襲するのではなく、その子が何を学んだのかを共有する必要があります。

ヒミツキチレターでどの力が伸びたかを見通す

学期末には、ヒミツキチレターという手紙を子どもたち向けに書いています。12の力のうちどの力が伸びたかを、半期ごとに見ていきます。前述のラーニングストーリーのリンクをこのレターに貼り付けていて、それぞれクリックすると、詳細なストーリーが表示されるようになっています。紙でもＰＤＦでも手渡すこのレターを通して、子どもと保護者とグループリーダーは一緒に、半年分を振り返ります。

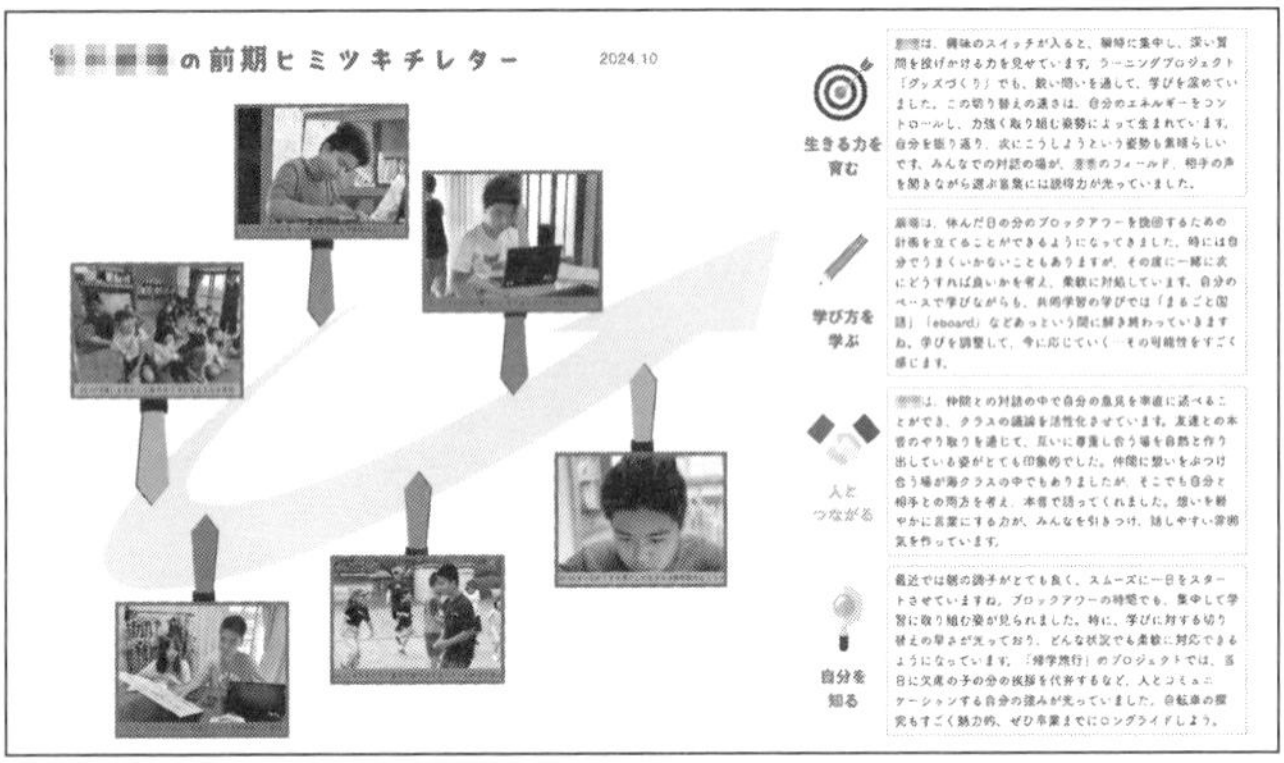

12の力には、非認知能力が多く入っており、これらを評価しつつ、学びを多面的に見たことを子ども・親と共有していきます。

ボクも親として我が子の成長を願っていますが、ついテストが何点取れたかどうかなどの数値で子どもを評価してしまいがちです。その子の特徴とはどんなもので、どの力が伸びていると言えるのか……。

多面的に見ていく個性の重なりが層になってあらわれて、その子らしさをつくっています。その子の「どまんなか」がどこにあるか、レターを見ながらみんなで探究していきたいのです。

評価とは何か

評価とは何か。私は、「**子どもの個性やその子らしさ**

が育っていくように、子ども自身にとってプラスになるもの」であってほしいと考えています。

プラスになるためには、**１つは自信を生み出してくれるものであること。もう１つは、平均的ではなく、生きていく個性を見出していくこと、尖らせていくもの**である必要があります。

ボクはヒミツキチで過ごしていても、子どものころの価値観や、教員時代の経験がむくっと顔を出し、「できているかどうか」の目で子どもたちを見てしまうことがあります。その子らしさをどう伸ばすか、いや、どう引き出すか。常にそこには葛藤があります。先生としての経験からしたらよかったと思えるものでも、子どもの中で本当に価値があるものなのか、そのように立ち返り、問い直すようにしています。

正解はなく試行錯誤の道ですが、評価という言葉について、その中身については、どこまでも考え抜いていきたいです。

05

週の計画と振り返りによる評価

長期単位の学びのチューニングは、学期の単位で行っていきますが、日々のフィードバックの積み重ねも1つの評価となって、土台を築きます。

ヒミツキチ森学園では、グループリーダーが、毎週、計画と振り返りに寄り添うことは第1章で説明しました。ここでは、計画や振り返りのフィードバックについて、細かく見ていきましょう。

1週間を計画する際のフィードバック

50ページで紹介したような方法で、子どもたちは計画をします。計画に対して、ボクらがやること、意識していることは次の3つです。

・子どもたちが振り返りから次の新しい方法を試しているか
・子どもたちの計画には甘さがないか、無理がないか
・子どもたちの見えていない、気づいていないことで助けになることはないか

1つ目の「振り返りから次の新しい方法を試しているか」では、今週のめあての文章を読み、子どもに質問をしていくことが多いです。前週の自身の振り返りや保護者のコメントなどから、次へのアイデアが浮かんでいるのに、また1から考えてしまうのが子どもたち。前週からつなげて考えていかないと、自立型往還学習は生まれにくいのです。ぶつ切りのようになってしまい継続性を失うことは、往々にしてあります。

そこは**グループリーダーにしか見えていない部分**でもあります。つながりや長期短期の視点を行き来させるのは、子どもたちにとって難しいことです。振り返りが、翌週の計画につながっているかを、じっくりとチェックします。

2つ目の「計画に甘さがないか、無理がないか」については、子どものペースを決めるハンドルをチューニングしていくイメージです。このチューニングによって、子どもがチャレンジゾーンに一歩踏み出していく、そんな塩梅を一緒になって探していきます。

低学年だと、よく、自分の力を高く見積り、「1週間で50ページはできる」といったことが起こるんです。実際にやってみると、難しいのがわかる。そういった経験が次につながっているかというと、翌週の計画も50ページになっているなんてことも(笑)。

「先週、50ページやろうとしていたけど、実際できたのは、どのぐらいだったっけ?」と問いを出すこと。その子の望むことは大事にしながらも、だんだんと、自分の背伸びの幅を掴んでほしいと願っています。

高学年になると、1週間の課題を達成したい気持ちも強まってくるため、さまざまな現象が起こります。自分に対して低い課題を設定しておけば安心なので、自分に期待せず目標を低く見積もることがあります。そんなときは、毎週の記録や観察を基にしたフィードバックで、「このぐらいまで伸ばしてみない?」と背中を押すこともあります。

足りない歩幅にはもう半歩を勧め、大きすぎる一歩は適切に抑える…。もちろん、ボクらが考えるよりも、子どもたちが自分の設定したハードルを軽々と超えていくこともあります。その一歩は何よりも嬉しいです。

3つ目の「子どもたちの見えていない、気づいていないことで助けになることはないか」は、最終チェックのようなイメージです。学びの地図の計画では、前述のように、自分でいろんなことをチェックしながら計画します。そのプロセスは単純ではないので、子どもたちでは見えていないところも必ずあります。

課題のゴールを書き逃していたり、どこにも入っていない課題があったり…そういう「あっそうか!?」って「落とし」が必ずあるものです。そんなに厳しく見るわけではありませんが、そこに気づいてもらえるように、グループリーダーの視点は全体性を大事にしたいです。

振り返りに寄り添う評価

1週間の振り返りについては、どのように寄り添うべきでしょうか。

ボク自身は、チャイルドコーチングの資格をもっています。子ども相手のコーチングの有効性についていろいろな手法を知っています。それを実践するのがこの「振り返り」の場だと思っています。

- ・子どもの振り返りを明確化する
- ・こちらからのフィードバックを手渡す
- ・次の一歩になるようなフィードフォワードを創る

子どもたち一人ひとりがまず、自分で振り返りをして持ってくるので、書いたものに目を通します。

1週間のがんばりを認めたうえで、共感できるところや、こちらから見えていた様子をフィードバックしていきます。曖昧なところは、この対話の場ではっきりさせていきます。子どもたちの振り返りを、対話で補う「振り返り対話」のイメージです。

自分の設定した課題について、できたかできなかったか、まずははっきりさせることを大切にします。現在地がぼやけると、振り返りが意味をなしません。まずは今週のアプローチはどうだったかを明確にします。

できたかできないかが大切ではなくて、自分にどんな学びがあったのかが子どもたちの言葉で出てくることが、最終的な振り返りの着地点です。

そして、「来週こうしていこう！」が子ども自身から生まれることを何よりも大事にしています。**次へのフィードフォワードが見つかること、そして今週学びをやり遂げた自分に自信がもてること**。ボクらも試行錯誤しながら一歩ずつ進んでいるところです。

たとえ今週うまくいかなくても、来週も同じように自立学習の時間が続きます。その積み重ねで、少しずつ自分で舵をとる方法がわかっていきます。ボクらのサポートがあって、自己評価が進んでいきます。

だからこそ、丁寧に丁寧に振り返りを積み重ねたいのです。このように**積み重ねた評価が子どもたちが「よりよくなりたい」を内面から生み出す支えとなります**。一人ひとりとの対話は、評価となり、子どもたちの中にめぐっていくエネルギーを生むのです。

COLUMN 5
境界線をぼかすための共有

この章では、学びの中で生まれてくる親とのやりとりについても語らせてもらった。

そんなボクも、小６と小１の２人の娘をもつ親だ。2024年度からＰＴＡ会長にもなり、地域の学校の中に入り、自分にできることはないかと探している。

そんな中、地域の奉納祭のお仕事があった。地域の神社が、子どもたちに出演してほしいのだけれど、学校の先生に負担をかけたくはないということで、ＰＴＡの方に話が回ってきた。ショーや運動会の演技の指導はずっとやってきたので、娘の学校の６年生が５年時に踊った「ソーラン節」の指導を任されることになった。

ボクも散々教えてきたけど、教え子じゃない子たちに演技指導するのは初めて。もちろん関係性もないから、声も届きにくい。でも、ちょっとずつうまくなり、当日は地域の人たちの前で披露することができた。ケーブルテレビにも取材してもらって、出演した６年生も、とても生き生きとした表情を見せてくれた。

以前から学校に行ったり、朝の交通旗当番には立ったりしていたのだが、その日以降、指導した６年生に会うたびに、笑顔で挨拶をしてくれるようになった。**関係性が生まれると人は挨拶を自然とする**。挨拶運動じゃなくて、必要なのは関係性づくりだといつも思う。

今回、普段は先生がやっている「子どもたちへの演技指導」を会長のボクが進めてきた。先生じゃない人がこれをやることによって、「あぁそんなこともできるんだなぁ」という空気が少しだけ広がったと思う。学校と地域の境界線がちょっとぼかされた感じだろうか。

ボクは、この境界線をぼかすということをやりたいのだと思う。昔は曖昧だったその境界線が、時代とともにはっきり引かれるようになった。地域の方は安全上、学校には気軽に入って行けないし、保護者と先生が関わる機会は学校行事に限られるなど、かなり減った。でも、親も一人ひとり違うから、もっと関わりたい人もいれば、距離を置いて見ていたい人もいる。境界線がはっきり引かれると、みんなの役割具合がしっかりと決まってきてしまって、苦しくなるのではないだろうか。

だから、間にある境界線をぼかしていきたい。ぼかされた境界線の上で、先生も保護者も関わり具合を選ぶことができる。そのためには、**学校の中で起こっていることをいろんな形で共有すること**だと思う。子どもとの日常、子どもの姿、ちょっとしたお願いごと。子どもの学びについてもそう。ちゃんと共有する日々を重ねたい。試行錯誤の日々だが、この章で伝えたいのは、「ぼかすための共有」この言葉に尽きる。

第5章

自立型往還学習を通して子どもは何を得るか

01 子どもたちへのインタビューから①

この章では、ヒミツキチの子どもたちと、もう1人のグループリーダーに、自立型往還学習について話を聞きました。子どもの声、グループリーダーの声を今までの部分と合わせて聞いてもらうことで、読者の皆さんにも学びがあるはずです。1人目からどうぞ。

混ざっていることが挑戦する力を生む

あお　ヒミツキチの学びのよさと難しさについて、どう思いますか？

子ども　よさは、自分で決めて取り組めるところ。ちょっと難しいと思ったら、レベルを下げるなどして、**自分で自分の挑戦する範囲を決められる**ので、無理しすぎないというところがいいと思います。

これまでの学校では全員が同じことをやっていたので、ヒミツキチみたいに一人ひとりが自分の挑戦できる範囲を決められるのは、とてもいいことだと思います。

あお　なるほど、では反対に、難しさはありますか？

子ども　難しさは、クラスに分かれていない部分もあるし全学年一緒なので、下の学年の子たちに、やってもらうことを振り分けるのが大変です。それによって自分の学びが進まなくなることもあります。あとは「今はダメだよ」と学びの時間に下の学年に注意することが大変です。

あお　下の学年の子の学びを気にかけながら進めていくのは、確かに大変だよね。ヒミツキチでは、行ったり来たりする「自立型往還学習」があると思うんだけど、それについてどう感じていますか？

子ども　そうだね、個人で集中して学ぶことができるので、それがいいです。私の場合、最初にみんなでわーっとやるよりも、個人で集中してから、みんなとの学びに移ったほうが自分に合っているなと感じています。最初にふざけてしまうと、集中できなくなるので。そうやって自分に合わせた学び方が生まれるのでいいと思います。

あお　混ざっているほうがいいんですか？

子ども　はい、**混ざっているほうがいろんな人と関われるし、イベントプロジェクトやラーニングプロジェクトの中で、たくさんのチームで学べるのがいいな**と思います。

あお　週の計画や振り返りは、自分の学びにどう役立っていますか？

子ども　自分で計画を立てるということがあまりなかったけれど、例えば「かず」（算数）を学ぶのが得意ではないのですが、そういうのを考えながら計画を立てることができるようになりました。あと、「ことば」（国語）が得意だから、最初に漢字とかをやってから、「かず」に取り組むと、集中できてうまく進むようになりました。**自分の中の流れも含めて、計画できるようになったんです。**

あお　計画や振り返りを通じて、もう少し広い範囲で、自身が変わったことはありますか？　例えば、こういう考え方ができるようになったとか。

子ども　はい、休みの日に自分で遊びに行く準備をするとき、どのくらい時間がかかるか、どのくらい前から用意しないといけないかがわかるようになりました。シミュレーションができるようになったんです。

あお　それはすごいですね。他には何かありますか？

子ども　自分で発言したあとに「こう言えばよかったな」とすぐに頭で思いつくようになりました。次に生かすための振り返りが自然とできるようになったのは大きいです。

あお　それもステキ。この間の森クラスへのアドバイスも、すごく的確で驚きました。積み重ねが成果に表れているんだなと思います。

あお　学びの地図も使っていますよね。それはどう役立っていますか？

子ども　昔は、朝一番で計画を立ててそれを覚えて、あとは何も見ない感じでしたが、最近はめあてや課題も多すぎて忘れてしまうので、細かく見えるようになってよくなりました。

あお　なるほど、学びの地図が必要なツールになったんですね。ヒミツキチの学びがもっとこうなればいいな、という点はありますか？

子ども　そうですね、ブロックアワーで関係のない話をする人がいるので、それを注意できる人が増えるといいなと思います。でも、注意するのが苦手で…、そこが自分の課題かもしれないです。

あお　確かに、それも1つの課題。でも、同時にあなたのよさでもあると思うので、得意不得意があっていいと思います。公立の学校からヒミツキチに移って（6年生になって2日コースから5日コースに変更）1年が経ちましたが、今のところ満足できていますか？

子ども　はい、やっぱり一本に絞ってよかったなぁと思うことが多くて…。**去年よりも今の自分のほうが明らかに楽しんでいます。自分が楽しんでいることによって、いろんな学びが生まれてくる感じがしています。**

あお　そのエネルギーが6年生として学園をリードしてくれています。最後に、ヒミツキチの学びは自分にどんな影響を与えてくれましたか？

子ども　**何事にも挑戦したいなぁと思うようになりました。**入学当初はヒミツキチにも行きたくないと思っていたけど、行ってみたらすごく楽しくて…。挑戦してみるとよいことがあるんだなと気づきました。

あお　挑戦をやめなかったからこその気づきだね。今日はありがとうございました。
子ども　ありがとうございました。

インタビューを受けてくれた１人目の子は、６年生になって２日コースから５日コースに変更しました（開校当初のみ、公立に３日間通い、ヒミツキチに２日間通う２日コースを募集していました）。公立小学校の中でどう過ごすか葛藤があった彼女ですが、いろいろな挑戦をしてきたのも事実です。最後の１年は心から楽しみたいとヒミツキチを選択しました。

この子の言葉を聞いていると、個人としてもチームとしても、学びが多様に広がっているのを感じます。そして、「中学からは公立に戻って、できないことなんてないってことを証明してきます」と意気込んでいることも心から嬉しいこと。いつどんなときでも、この子の挑戦を応援し続けようと思っています。

02 子どもたちへのインタビューから②

この学びをする意味が変わる

あお　自分の学び方で、得意な学びと苦手な学びってありますか？

子ども　書く時間は得意だと思ってるんだけど…。もともと、文章を書くのが好きなんです。ヒミツキチでいろんな友達の文章を読むことで、こういう書き方もあるんだなって、自分の書き方も見つけた気がします。

あお　苦手なことはありますか？

子ども　あるようでない感じ。どれもそこそこ。

あお　個人で学ぶことと、みんなで学ぶことがありますが、その両方があるということには、どんな印象がありますか？

子ども　両方あっていいなって思う。個人だと聞きに行かないとわからない。みんなで学ぶと共有することが自然と多くなる。**自分が今やっていることをみんなと共有するっていうのがいいなと思います。自分だけが知っておいた方がいいことと、みんなが知っておいた方がいいことを分けられるよさがあると思う。**

あお　プロジェクトに関しては、どんな感じですか？　イベントやラーニングなどが午後にあると思いますが、それについてどう感じていますか？

子ども　**「『かず』を学ぶために勉強をやっている」感じじゃなくなることが大きいかな。プロジェクトの内容と、どこかでまたつながるっていう感覚がいいと思う。**

あお　どこかでつながると、どんなよさがあるんでしょうか？

子ども　そのときできなくても、後からできることがあるっていう感じ。学びの意味が変わっていくのかも。

あお　実際に使う場面でまた改めて理解することもあるよね。逆に、難しさもありますか？

子ども　課題が増える。ただでさえ、ブロックアワーの時間が少ないのに、課題が増えていくときつくなる。

あお　1対1でこうやって話をすることが、自分に役立っている実感はありますか？

子ども　10のツールの中だと「リフレクション」が振り返りに役に立っていると思います。1から考えなくてもいいってところがいいです。振り返りをすることで、すぐにその日あったことが思い出せるので便利です。

あお　ありがとう。では、最後の質問です。ヒミツキチで学んだことは、何をもたらしてくれましたか？

子ども　**学びじゃないのかもしれないけど、いろんな学年がいることが、変わったかなぁ。同じ学年だけだと、みんな見ているところが同じ感じがするけど、いろんな学年がいることで、いろんな視点を学べます。**

学年が上の人の気持ちや下の人の気持ちを理解できることが、私にとって大きな変化でした。いろんな学年がいることで、いろんな人との関わりがもてるのも、力になると思います。

あお　いろんな人とそうやって同じように関われるのも、あなたの力の１つだと思っています。同学年とも異学年とも変わらない関わり方が、ヒミツキチを支えてくれていると思います。中学校でも生かしてね。

子ども　ありがとうございました。

２人目の子のインタビューで感じたのは、複雑に見える「自立型往還学習」の効果がちゃんと伝わっているなぁということ。特に情報の共有や、学びの意味のつながりについて、子どもたちの言葉で出てきたことが、とても嬉しかったです。

優しく日々たくさんのことを考えるこの子の言葉の選択には、いつも驚かされます。いろんなことを思っているからこそ、多様な視点が力になっているのでしょう。

03

もう1人のグループリーダーから見た学び

グループリーダー谷津（ちゃき）が感じていること

私は2023年4月からヒミツキチ森学園のグループリーダーになり、2年が経つところです。それまでは、新卒で番組制作会社のアシスタントディレクター、その後、公立小学校で担任、というキャリアで仕事をしていました。

公立小学校には約8年いました。公立小にもいるじゃないですか。県や市からたくさんの先生が集まって、でっかい公開授業研修をやるような先生。職員室でも一目置かれるような先生。もちろん私も、そんな先生であった…わけもなく。

こんなに長い前置きで何を伝えたいか、というと、「超庶民型人間」だった、ということです。ただ、「生きる」ということが、ずっと私にとってのテーマでした。「大好きな子どもたちが、どうか、10年後も笑顔でいてほしい。たくましく幸せになってほしい」

その願いだけは、飽き性の私でも、10年間ずっと持ち続けていました。

もはや願いだけで先生をやってきた私が、この2年間ヒミツキチにいて感じたこと、見た景色を、少しだけ伝えさせてください。


ヒミツキチ森学園は「ブロックアワー」と呼ばれる自立学習と、「プロジェクトアワー」と呼ばれる探究学習の時間を、カリキュラムの軸にしています。「教科等横断的な学び」が当たり前になってきた昨今、ある教科での学びを、他の教科等の学びで活用したり、関連づけたりすることで、学びが深まったり、活用できたりして、子どもたちの自然な学びになると言われてきました。

「つくりたい料理がある！」となったときに、分量を量るためには「グラム」や「ミリリットル」を理解する必要がある。家庭科と算数の横断ですね。イメージしやすいのは、こういう「知識」での横断だと思うんです。

私たちが日々大事にしているのは「自分のどまんなかを生きる」ということ。それには知識、思考力だけではなく**「生きる」を真ん中に置いて、様々な力を据える必要があったんです**。それは「自分を知る」ことかもしれないし、「人とつながる」ことができることかもしれない。自分にはどういう学び方が合うのか「学び方を学ぶ」ことかもしれない。そして、その3つが重なり合って、「生きる力を育む」ことにつながっていく。この4つの力を軸にして、日々子どもたちと学びを積み重ねていきます。

そして面白いことが、この4つの軸は、自立学習でも探究学習でも、どちらでも培うことができるということ。むしろ、どっちもあることに意味があるんです。

1つエピソードを話させてください。

週の始めに、1年生が1週間の学びの計画を立てていたときのことです。

子ども　あのね、今週はバースデー催しもあるし、ラーニングプロジェクトも進めていかなきゃいけない。だから、かなり優先順位をつけていくことが必要だと思うの。

私　そうなんだね。じゃあどうやって優先順位をつけていく？

子ども　んー。【小さな一歩】かな。まずは5分でもやってみる。あとは、わからないことを海クラスの子に聞いてみる。

私　いいね。じゃあそれでやってみようか。

日々の学習計画と振り返りを繰り返して、自分に合う学び方を知り、自分の目標に達するためには、誰かに頼る必要があることを、この子はイメージしたんですね。

実際、プロジェクトの中でも「まずはやってみる」ことと、上級生に相談することを大事に、1週間を過ごしていました。

これは、**知識の横断というよりも、力の横断ではないか**と考えています。ブロックアワーだから、プロジェクトアワーだからと、学びを分けるのではなく、今自分がほしいと思う姿に、力を懸けてみる。

きっとそんな毎日が、「自分らしく生きる力」「生きることの喜び」を感じてもらうことにつながっているんじゃないかと、日々感じています。

私も刺激をもらうばかり。時に刺激に、時に潤滑油に。何を手渡すことが、共に面白く、今を創ることができるか。日々実験と修行の毎日です。

04

学園関係者の言葉から今改めて考えること

当事者の言葉の重み

インタビューを終えて浮かんできたことがあります。それは、**人間は機械ではなく植物のように育つという言葉**。「このときはこう」という機械のようなパターンではなくて、突然変異や気まぐれを起こす、植物を育てているような感覚でいつもいます。

ボクらは学びのカリキュラムをつくるときにも、いつもそういう植物を相手にする気持ちでいます。**カリキュラムというものは動き続けるもので、1つにとどまっていないものだということ**です。

1人目のインタビューに答えた子が、挑戦する範囲を自分で決められるというのも、実はその裏でたくさんの失敗があったからこそなのでしょう。たくさんの失敗があって、そこに向き合ってきたからこそ、自分の挑戦の範囲を適切に掴むことができています。その言葉の裏には、人間臭さを存分に感じています。

2人目のインタビューでは、「**自分が今やっていることをみんなと共有するっていうのがいいなと思います。自分だけが知っておいた方がいいことと、みんなが知っておいた方がいいことを分けられるよさがあると思う**」の言葉を聞いたとき、ここまで丁寧に見ていることに驚かされました。視点を多くもつことがよさと捉えられるのは、この子がずっと学びと向き合い続けたからこそだと思います。

そして、「**往還のためには、知識が横断するのではなく、力が横断しているのではないか**」というのはグループリーダーの谷津の視点でした。この本の第4章でも、12の力をどう見ていくか、その眼差しの共有については触れたところです。共通項をつくるという主張してきた内容の1つを、図らずとも同じグループリーダーが触れていることに実践知の共有を実感でき嬉しいです。

人と人との関係性が学びにも影響を与える

そんな当事者の話から考えたことは、**人とのつながり・関係性がもたらしてくれるものの大きさ**です。この学びにおいて、往還を生み出すには、まわりの仲間や大人との関係性が大きく関わってきます。

まわりとの関係性ができていれば、自立学習でわからないところを気軽に聞くことができます。探究学習でも、安心して互いに頼り合うことができます。つながりや関係性がいかに大きなものをもたらしているか…先生だったら感じることが多いのではないでしょうか。

もちろん、仲間との関係性に苦しむ子もいます。しかしそれも大事な成長の機会の1つ。親に頼っていた低学年のうちと違って、だんだん学年が上がるにつれて、グループリーダーや他の仲間に頼りながら、その関係性を修復しつつ、より強固なものに変えていきます。

そうやって、関係性すらも学びになっています。葛藤する場面が取り除かれず確保されていることは、育つための大事な要素の1つです。

２０２４年の春、香港で行われた学びの場「Compassionate Systems Foundation Ｉワークショップ」でピーター・センゲに直接学ばせていただく機会がありました。ピーターは、「**あなたがこの場にどういるかが、まわりの人に影響を与えている**」と、Generative Social Field の概念を教えてくれました。自分がそこにどういるか、どう在るかが大事だということです。

また、同じ年の夏には、徳島にある自然スクール「トエック」のセミナーに学びにいきました。トエックを立ち上げて、今は市民活動も展開している代表の伊勢達郎さんもスタッフの専門性を語るときに「**子どもをどうするかの前に、私がどうあるかだ**」と話していました。

２人とも同じことを言っていると感じ、知識・スキルを超えて、**今、私がどのようにいるかが、場に影響を与えているということが大事なのだと確信しました**。

自分がどういるかは、その場にいる人たちとの関係性を築く種になります。そんな日々の積み重ねが、私のまわりとの関係性を豊かにし、自分の学びに影響を与えていきます。

自分の在り方による関係性の拡がりについて、もっとボクらは考えていくべきではないでしょうか。学びはもっともっと奥深いものなのだと実感する日々です。

COLUMN 6
先生の仕事は線を引くこと

子どもたち、グループリーダーの学びに対する言葉にじっくりと耳を傾けてもらった。

インタビューしたのは6年生、いずれも公立小学校に通っていたけれど、途中から編入してヒミツキチに入ってくれた子たちだ。2年生、3年生のころからずっと育ちに携わらせてもらっている。教員時代、3年連続持ち上がった学年で2人だけ3年間担任をさせてもらったことがあったが、ヒミツキチではそれ以上に1人の子の人生に関わらせてもらっている。それも、大事な大事な小学生という時期にだ。本当にありがたいこと。

そばにいるのだけれど、ボクには学校の担任ほど影響力はないのだろうと思う。子どもたちは、様々な環境の中で、多くの人と関わりをもって学んでいる。子どもたち同士の関係性から多くを学び、今を生きている。

先生の仕事ってなんだろう。それは、線を引くことではないだろうか。

判断がとても多い仕事だ。「これはどうする？　あれはどう？」子どもたちは先生を頼ってたくさんのことを聞いてくる。小学校低学年ならなおさらだ。最初はぎこちなかった若い先生の線の引き方も経験を積むにつれて、適切な場所に線を引けるようになる。「あ、これは個人じゃなくて、全体に共有しておいたほうがいいな」「今のは踏み込みすぎたか、後でフォローしておこう」、人との関わりの線も、ルールや決まりの線も、瞬時に判断し引く線の精度は、経験を通して上がっていくものだ。

ヒミツキチでは、その線を子どもたちも一緒に引いている。ある子が、「グッズのデザインはどこまで行っても終わりがない。時間をかければかけるほどよくなるのがわかっているから。線引きが難しい」と振り返りながら話してくれた。

あぁ、この子も線を引いているんだ。この線って本来は先生が引いてきたものかもしれない。でも、ヒミツキチの子たちの自立型往還学習は、プロジェクトのことをブロックアワーに入れることができる。すると、プロジェクトに打ち込める時間の上限も自分で決めることになる。一緒に線を引いてくれているんだ…そう思うと、また少し子どもたちに感謝と尊敬の念が湧いてきた。

一緒につくるから、子どもたちにも線を引く機会がある。大人になればいろんな線を引いていかなければならない。大人の線を引く機会を間近で見ながら、自分の線を確かめ、引くことを試していく…そんな子ども時代を過ごすのも、1つの価値ある経験だと思う。

第6章

公立小学校で「自立型往還学習」を実践するヒント

01

総合的な学習の時間とどう絡めるのか

この章では、公立小学校での実践へのヒントを主に書かせていただきます。**「オルタナティブスクールだからできるのじゃないか」だけで、思考停止に陥ってしまうのでは、この本を書いた意味がない**からです。公立の実践の場のヒントになるための視点をお届けできたらと思います。

手始めにできることは何か

ここまで見てきて感じていただけたかと思うのですが、この本の内容は教科横断型のカリキュラムづくりの提案とも違っています。内容を主に横断させているカリキュラムに対して、本書の提案は共通項をつくること。つまり、**内容以外の行き来するものをどのようにデザインするか**が大事になってきます。内容だけではなくて、コンセプトやツール、そしてSELなども合わせて、その子自身のもっているものが往還し出すと、学びはぐっと深まっていくというのが、この本での提案です。

さて、これを公立小学校に当てはめるときに、皆さんはどんな感覚をおもちでしょうか。総合的な学習の時間でやっていることを、自由進度学習の中に入れていく…。そんなイメージが湧いたでしょうか。

まずは、自由進度学習の時間を週に1〜3時間程度確保することをおすすめします。公立時代6年生の担任をしていた際には、まずは1、2時間取ることからスタートしました。この時間は、テストの直しや、テストの準備、自分の学習が遅れているところや発展をねらいたいところなどの、「自分の学びを計画する時間」として取ることができるはずです。この時間があることは非常に大きく、「誰もが違うことをやっている時間」の成立は、その後のプロジェクト活動の実践にもつながっていきました。詳しくは前著『係活動にちょっとひと工夫「プロジェクト活動」のススメ』をご覧ください。

徐々にこの時間を伸ばすことができれば、総合的な学習の時間の中での調べ学習など、簡単に1人でできることもその中に入れていけるはずです。その際は、岩本歩著『イエナプラン教育を取り入れた自由進度学習　クラスでトライしてみる「ブロックアワー」』や、難波駿著『超具体！　自由進度学習はじめの1歩』も参考になるでしょう。

ここまでくると、総合的な学習の時間の構成をしっかりと描いておくことが大事になります。1年間で1つのテーマというよりかは、年間をいくつかに分けて構成しておくこと。学びのビジョンやテーマをしっかりと設定して、子どもの探究したいフックをたくさんつくれるように進めること。今までの感覚とは少し違う総合的な学習の時間の構成をしていく必要があるのではないかと思っています。

探究へのフックはごちゃ混ぜの時間の中に

自由進度学習の時間が進んでくれれば、あとはそこに探究課題もどんどん入れていってみてください。**みんなが同じ時間に同じ目標に向かって取り組まなくても、学習が成立していく感覚はもてるはず**です。そのときに本書を取って、何が共通項になるかを考えることができれば、全体へのミニレッスンなども計画的にできるようになります。**計画的に行うことと、その場で感じ取って即興的に子どもたちに還していくこと**…。両方が子どもたちの学びを支えます。

公立時代の一例を挙げさせてください。ある年の子どもたちは、創立○周年に向かって、総合的な学習の時間に準備を進めていました。クラスで決まったのは、跳び箱に記念の絵を描くこと。ボクが絵が苦手なのと対照的に、クラスには絵が得意な子が数多くいました。しかし絵が苦手な子はどうしたらいいでしょうか。色を塗ればいい…というのは、ちょっと乱暴な結論ですよね。どうしたのかというと街に看板屋さんがあって、10人ほどのチームで、イラストの写し方を教えてもらいに行きました。イラストを写す方法は看板屋さんならではで、子どもたちと感嘆したのを覚えています。その日から絵を描くのも苦手だった子も、写す技術にのめり込んで、自由に学びをデザインできるブロックアワーの時間を活用して、写し方を探究していました。

看板屋さんは当初の計画になかったですし、以前から関係性があったわけではありません。近所に住んでいた子どもたちの証言から生まれたつながりです。よい探究は熱が落ちない…子どものめり込むフックはいろんなところにあると実感した瞬間でした。

02 共通項のつくりかた

「自立型往還学習」に欠かせないのが共通項でした。共同学習と個別学習の往還では、「学びの地図」や「10のツール」「振り返り対話」などが、共通項となっていました。そしてブロックアワーとプロジェクトアワーでは、「コンセプト」「ツール」「SEL」「眼差しの共有」などもそれに一役買っていました。このような共通項が大事なのはこの本に書かれていることですが、では、どのようにつくっていけばいいのでしょうか。

自主学習カレンダー

自主学習という取り組みはご存知でしょうか。自分で何をするかを決める宿題の形とし

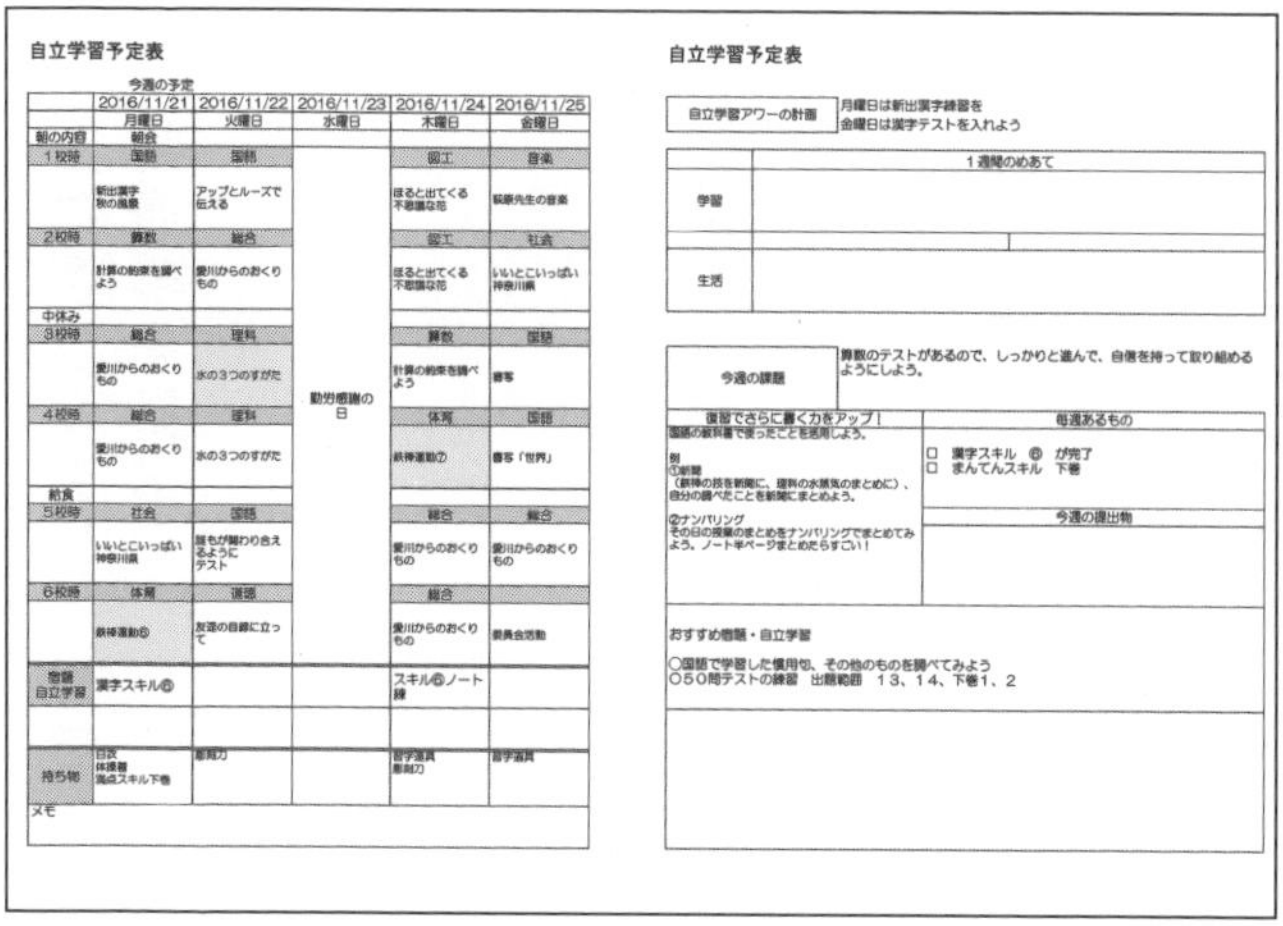

自立学習予定表

今週の予定

	2016/11/21	2016/11/22	2016/11/23	2016/11/24	2016/11/25
	月曜日	火曜日	水曜日	木曜日	金曜日
朝の内容	朝会				
1校時	国語	国語	勤労感謝の日	図工	音楽
	新出漢字 秋の風景	アップとルーズで伝える		ほると出てくる不思議な花	荻原先生の音楽
2校時	算数	総合		図工	社会
	計算の約束を調べよう	愛川からのおくりもの		ほると出てくる不思議な花	いいとこいっぱい神奈川県
中休み					
3校時	総合	理科		算数	国語
	愛川からのおくりもの	水の3つのすがた		計算の約束を調べよう	書写
4校時	総合	理科		体育	国語
	愛川からのおくりもの	水の3つのすがた		鉄棒運動⑦	書写「世界」
給食					
5校時	社会	国語		総合	総合
	いいとこいっぱい神奈川県	誰もが関わり合えるように テスト		愛川からのおくりもの	愛川からのおくりもの
6校時	体育	道徳		総合	
	鉄棒運動⑥	友達の目線に立って		愛川からのおくりもの	委員会活動
宿題 自立学習	漢字スキル⑥			スキル⑥ノート練	
持ち物	白衣 体操着 満点スキル下巻	彫刻刀		習字道具 彫刻刀	習字道具
メモ					

自立学習予定表

自立学習アワーの計画	月曜日は新出漢字練習を 金曜日は漢字テストを入れよう

	1週間のめあて
学習	
生活	

今週の課題	算数のテストがあるので、しっかりと進んで、自信を持って取り組めるようにしよう。
復習でさらに書く力をアップ！	毎週あるもの
国語の教科書で使ったことを活用しよう。 例 ①新聞 （鉄棒の技を新聞に、理科の水蒸気のまとめに）、自分の調べたことを新聞にまとめよう。 ②ナンバリング その日の授業のまとめをナンバリングでまとめてみよう。ノート半ページまとめたらすごい！	□　漢字スキル　⑥　が完了 □　まんてんスキル　下巻 今週の提出物

おすすめ宿題・自立学習

○国語で学習した慣用句、その他のものを調べてみよう
○50問テストの練習　出題範囲　13、14、下巻1、2

て全国に広まっている自主学習、多分にもれず娘の学校でも高学年になると取り組んでいます。この自主学習を公立学校で実践している際に、週のカレンダー（自主学習カレンダーや自立学習カレンダーと呼んでいました）に取り組んでいました。

2016年の4年生担任時の取り組みなのですが、宿題を含む学習全体を自立学習と呼んでいて、家での取り組みと授業の中身とをつなげられるか試行錯誤をしていました。**明日の時間割を直前（前日）に知らされるのではなく、1週間の取り組みがわかっていて、宿題を選ぶことができる。**その仕組みがあるから、ブロックアワーのような時間も軌道に乗っていました。このような子どもたちの見通しをつけられるものが必要になるでしょう。

プログラムデザインで共通項を見出す

プログラムデザインという言葉をご存知でしょうか。詳しくはボクのブログや著書『先生が知っておきたい「仕事」のデザイン』に書いているのですが、年間を通じてどんな力を伸ばすのかをデザインしたものです。簡単にいうと、学級の現状から、３つの大きなテーマを設定します。１つずつ、下の図のような年間の戦略を設定します。夏休み前、冬休み前にたどり着きたい子どもたちの姿を描き、そのための手立てを記しておきます。これらは、「学級経営案」の作成とリンクさせることができるので、大きな手間ではありません。形はどんなものでも構いませんが、年間における「学級の戦略」を形にしておくことをしてみてください。

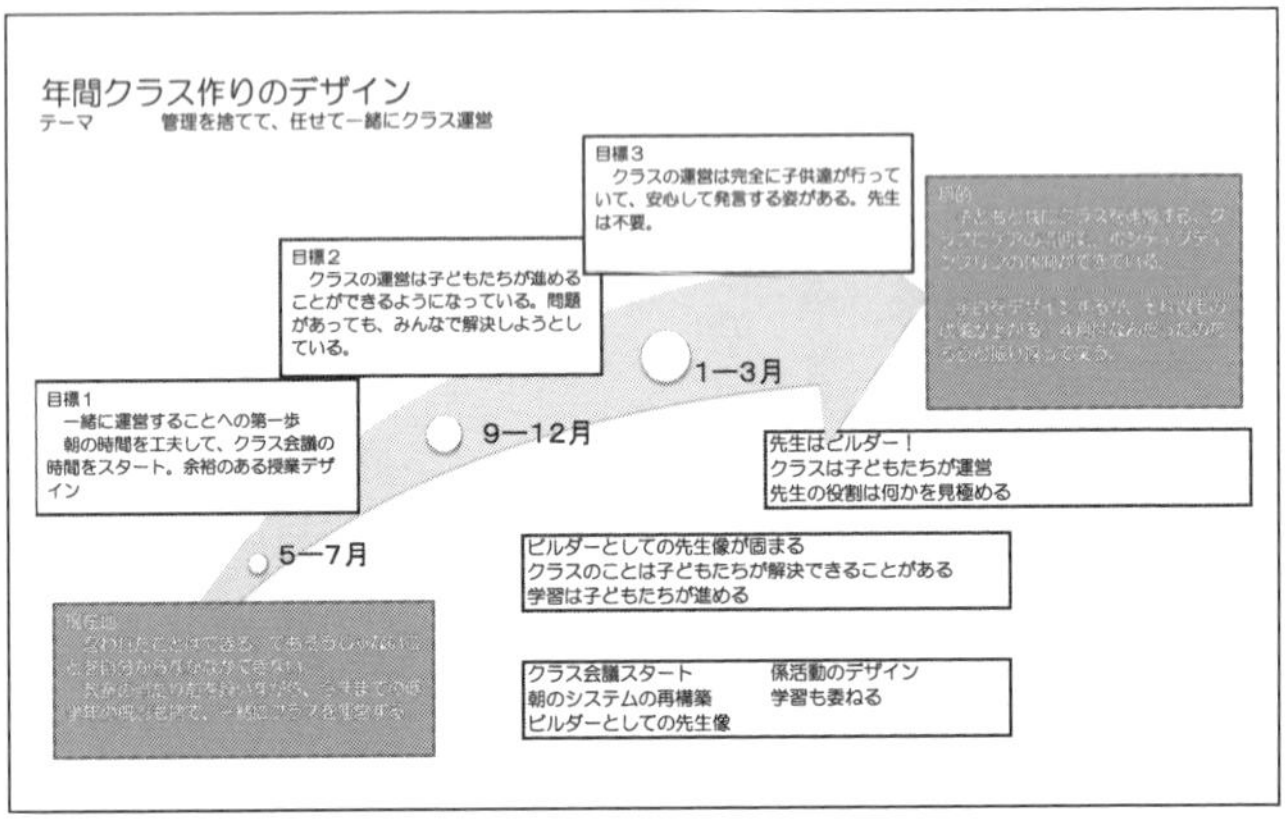

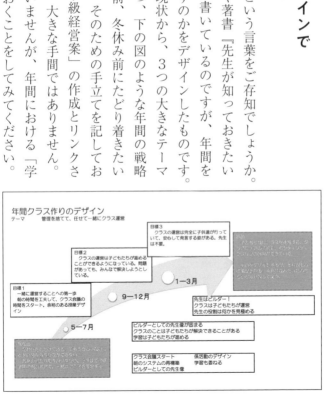

一度形にしておくと変化にも対応できるようになります。描いた通りにはならないのですが、望むことは描かないと始まりません。実際に描いてみたものは振り返りの材料になりますし、不測の事態に陥ったときも、何から手をつけていくかの大きなヒントになりました。

こうやって描いたものがあると、それ自体が共通項になります。この年でいえば、「クラス会議」から、教室の中にベンチを置く実践を行うことができました。重ねられるサークルベンチを置くことで、日々の対話の質がいかに大事かを感じることに。サークル対話は、毎時間の学習でも、イベントでも、探究的な取り組みでも、どの場面でも共通項となったんですね。

今の時代は、ＡＩドリルを活用することができますよね。もしかしたら自主学習カレンダーのようなソフトをお手持ちのＰＣでつくれるのではないでしょうか。デジタルの力を使った共通項は、新しい取り組みとして受け入れられるものだと思います。

「**私のクラスは、何が共通項になるだろう**」

そうやって考えることから始めてみませんか。

03

学習の当たり前を問い直し、試していく

自由進度学習に向かわせた当たり前を見直す気づき

主催しているコミュニティの1つに「COUNT UP!」というものがあります。これは、前著でも書いた「カウンター」を実践する少人数制のコミュニティです。子どもにポジティブに関われたとき、フィードバックできたときにポケットにあるカウンターをカチッと押すんですね。1日で押せた回数を見て、振り返りを投稿し合うコミュニティです。

このコミュニティの中で、「どんなときにカウンターを押せるのか」をみんなで振り返る場がありました。こちらから一方的な「素敵だね！」や「それすごい！」だと、たいて

いカウンターは1カウントしかできません。でも、子どもと対話する形（62ページの週の振り返りのやりとり）になると1回のやりとりで7、8回はカウントできるんです。

「**こういうやりとりを授業で増やしていくにはどうすればいいだろうか**」そう考えてみると、授業の在り方を変えていく必要があることに気づきます。

「授業の在り方まで変わる必要があるのではないか…」という気づきは、ちょうど10年前の自分にもありました。当時は、ラーニングピラミッドという理論（正式な論文がないため出典が定かではありません）が出てきたころで、**一方的に話を聞くことは学びにならない、むしろ話している先生が一番の学びになっている**ということにハッとしたのです。

一斉授業を続けていれば、一番学んでいるのは先生ということになってしまう、もっと他の学び方をしなくては、子どもたちの学びは止まってしまうのではないか…。そんな想いが自由進度学習に向かわせました。

ここで大事なのは、当たり前を問い直す姿勢です。**自分の中にある違和感という感情や、身体の反応を無視しないで、ちゃんとそこに何があるのかを問い直していくこと**ができるかどうかが大事なのではないでしょうか。ボクら日本人の働き方として、こういった違和感や身体反応に目をつぶり、仕事に励む悪習慣があります。自分自身のセンサーがあるからこそ、立ち止まって問い直すこともできるのです。

いつもいない場所に身を置く機会をつくる

２０２４年10月、沖縄県うるま市の公立学校の先生方が、ヒミツキチ森学園を訪れてくださいました。学校ＤＥ＆Ｉコンサルタントで Ｄｅｍｏ代表の武田緑さんをコーディネーターに、ＥＤＵＴＲＩＰと呼ばれる教育視察の旅の一環でわざわざ足を運んでくださったのです。半日見学された後の対話会の場で、

「子どもたちがお互いのことを思いやり、大切にしている姿に胸を打たれました」

「先生がやるでも、子どもに任すでもなく、一緒にやることの大切さを確認できました」

「私たちが考えてきた主体的ってなんだ？　揺さぶられました」

と、涙ながらに自分の言葉や経験を置きながら話す先生の姿、本当に素敵でした。

問い直しを生むには、**いつも同じ場所にいる自分から一歩飛び出す必要があります。**

そのおすすめの1つが、他の学校を見にいくことです。公立時代も、ヒミツキチに来てからも、たくさんの場所を訪れています。普段身を置かない場に行くと、うちの学校だったら…と、アイデアがどんどん湧いてきます。その場所で働く人たちと話すと、想いや知見が自分の中に入ってきて、新たな発想やモチベーションにつながります。多くの学校を見学させてもらう中で、アイデアが湧き上がるのを感じました。うるま市のように研修制度を活用できると、ありがたいですよね。

徳島の自然スクール「トエック」を訪れた際には、スタッフ同士が真剣に議論し合いつつ、温かな雰囲気を絶やさないその関係性に涙し、憧れました。「ボクらの場所も素晴らしい、でも何かできることはありそうだ、例えば…」と自分の中で問いが生まれてきます。そうやって在り方を探り直すことができるのです。

いつもの場所から離れたところに身を置き、何を考え、何を感じるか…**感覚や感情をフル活用し、見学すること**に価値があります。まず一歩目は管理職に相談しに行くこと。行きたい学校を調べたら、校長室の扉をノックしてみませんか。

04

計画と即興のバランスに目をむける

計画を手放すことから始めてみる

公立小学校で働いていた1、2校目のころ、先生が引いたガチガチのレールの上に、子どもたちを乗せるような授業をしていました。まだ我が子も生まれていないころで、自分の時間のほとんどを仕事に注ぎ込んでいました。6時間分の授業を準備して、流れや板書計画まで書く毎日。先生が計画したレール上を子どもたちが学んでいく。それで安心できる子がいるという意味では否定はしませんが、どこか先生の想定の枠を出ない授業でした。

ある日、どうしても前日の仕事が終わらず、準備がほとんどできないまま国語の授業をすることに。準備できなかった分、その場で子どもたちの意見や考えを感じ取り、即興でつくっていく授業になりました。しかし、準備ができなかったにもかかわらず、その授業が終わると何人もの子から、「先生、今日の授業すごく楽しかったよ、また今日みたいなのやろうよ」と言われたのです。**「計画しないで即興的に行った授業の方が面白さを生むなんてことがあるのか…」**これは再現可能だろうかと考え込んだことを覚えています。

同じようなことがヒミツキチ森学園を開校して1年目にもありました。秋の終わりにふらっと立ち寄った海。その日計画していたことができなくなり、なんの目的ももたずに海に行く時間が生まれたのです。当たり前のようにあった「目的」なしで行ったのですが、子どもたちは波打ち際で遊ぶ子もいれば、スポーツをする子もいて、さらには生き物を探す子もいて多様な光景が広がっていました。想い想いにそれぞれの海を楽しんでいる…。そこには豊かな学びの時間が生まれていたのです。

計画と即興のバランスを授業の中で考える

吉田満梨・中村龍太著『エフェクチュエーション　優れた起業家が実践する「5つの原

則』』では、変化の激しいこれからの時代における起業家の思考法が紹介されています。経営学の世界では不確実な取り組みへのアプローチとして、状況や環境を分析し、最適な計画を組み立てることを重視してきました。目的に対する正しい要因を追求しようとする「コーゼーション（因果論）」に対し、不確実性に対して目的ではなく手段を用いる特徴から「エフェクチュエーション」と呼ばれている思考様式をとっていることがわかりました。つまり、**立てた目的は状況によって瞬時に変わることがある、目的主導の因果論じゃ対応できないことが多々あるということ**です。

本の中では5つの考え方が有効であることが示されているのですが、その中の1つが「レモネードの法則」です。起こりうる想定外の偶然も、テコとして活用しようとすることの考え方は、教育にも応用可能だと思っています。**予測が不可能な活動の状況でも、それを逆手に取り、コントロール可能な活動に集中して進めていく**…。授業もこの形を取ることはできないでしょうか。

ボクが学校現場にいたころは、カオス（混沌とした状態）を好む先生と嫌う先生がいました。嫌う先生は、「混沌とした状態を悪い状態」とみなしているのです。気持ちはわかります、カオスな状態というのも様々で、先生もそれをよしとできないというのも、本当によくわかる。「あぁ、そっち行っちゃうかー」ってことも多々あるんですよね。

でも、**本当のクリエイティブや、新たな発想はカオスの淵から生まれます**。一見カオスに見える状態の中でも、コントロール可能なことを見つけ、全体を場に委ねながら、流されていく状態の中にいるとき、新しい考えや学びが即興的に生まれます。

前著『「プロジェクト活動」のススメ』でも書いた2年生のドッジボール大会や長縄大会。練習せずにとことん話し合っている場面は混沌としていて、綺麗に物事が決まることはありませんでした。ヒミツキチでの修学旅行のプロジェクトも、行き先を決めることに子どもたちは頭を抱えながら2週間も話し合いを続けます。しかし先生も一緒にカオスの中に足を突っ込んでいる中で、全校で一番になるというびっくりする成果が生まれたり、帰路で誰も眠らない最高の修学旅行が生まれたりします。カオスの中を泳ぎ切った先に、子どもたちと一緒に最高の答えを見つける…。そんな経験は何度もあります。

計画する「コーゼーション」の考え方が不要と言いたいのではありません。計画だけに頼らず、**その場で感じ取ったものから、即興的に考え子どもたちと組み立てていくスタイルを取り入れてみる**のはいかがでしょうか。

05 先生の役割も往還していく未来へ

さて、ここまで「自立型往還学習」を見てきました。ここで何度も本文の中で出てきている先生の役割について、考えてみましょう。

時代を超えて変容していく先生の役割

学校の中の先生の役割も、時代とともに大きく変わっていきます。

ボクが子どものころは、先生は主に「**ティーチャー**」でした。一斉授業のもと、黒板の前に先生がいて、一斉に黒板を向いている子どもたちに、先生のもっているものを伝えています。ティーチングというスタイルは、学校というものができ始めた１８００年代から主となって使われてきた方法。先生になり始めた2000年代前半も、変わりなく「ティーチャー」が一番の役割でした。

2010年ごろでしょうか。先生の役割の一部が「**ファシリテーター**」のような関わりをするとよいのではないかという観点が生まれました。授業のスタイルが変わるにつれて、場をどう掴んでいるか、対話を促すか、そういうファシリテーターの在り方から学ばせてもらうことが増えてきました。

自由進度学習に取り組み始めると、先生の在り方がまた変わっていきます。全体の場を掴むだけではなくて、子ども一人ひとりをどうやって伸ばしていけるか、共感し、エンパワーしつつ励ますことも重要になってきました。それはまさにコーチングをする「**コーチ**」の役割でした。ヒミツキチに来てからも、この「コーチ」をする機会が格段に増えています。目標設定や自身のコントロールなど、子どもたち一人ひとりに寄り添うコーチングのスキルを学ぶために、チャイルドコーチの資格も取りました。

その他にも、役割というか在り方だと思いますが、前述の『ジェネレーター　学びと活動の生成』に書かれている「**ジェネレーター**」。AIを駆使して、子どもたちの記録を取っていく「**レコーダー**」、探究学習の際に、地域とつながり、学びの財を子どもと一緒に見つけて集めていく「**コネクター**」など。求められる役割も多岐にわたります。

先生の役割を考えていたら、ボクの初任時代のころの記憶がふっと蘇ってきました。思い出したのは、**「先生っていろんな職業が味わえるお得な職業だ」と思った瞬間のこと**。運動会の演技指導はショーマンだったり、そのときハマっていた動画編集でデジタルクリエイターになったり…子どもたちに合うんじゃないかという実践を試しているのは、ものづくり（コンテンツメイカーの方が近いかも）に近いなと思ったんです。その職業の人になりきって行うと、本当に楽しいんです。若さもあっていくら働いても疲れなかったのもあるのかもしれませんが（笑）。

面白いことに、当時、半分趣味でのめり込んでいたものが、あとあと、役に立っているんです。動画編集から音声編集を学んだら、運動会の曲編集でいろんな先生に頼りにされました。演技指導やハマったウクレレは、ＰＴＡ会長として地域を盛り上げるのに一役買っていたり、ヒミツキチでのチャイム代わりになっていたり。30代からハマったヨガは、ヒミツキチでもキッズヨガで授業の1つになり、公立小学校での実践も重ねています。

ここから見えてくることは2つあります。1つは、**先生の役割も往還していくということ**。欧米では、エデュケーターという言葉で表現されることが増えているのだという「先生」の役割は、いつも1つじゃないということです。時にはコーチになり、ファシリテーターもやり、ティーチャーになる瞬間もある。目の前の子ども、そして状況に合わせて往還することで、それぞれの役割も輝き合うのではないでしょうか。

そしてもう1つは、役割に自分を当てはめるのではなく、**自分が役割になるということ**。青山雄太という人自体が、1つの先生の形をもつようになるぐらいがいいんじゃないかと思うのです。ASJ（オルタナティブスクール・ジャパン）を立ち上げてオルタナティブスクールの経営支援や先生の育成に携わる湘南ホクレア学園理事長の小針一浩さんが話してくれたことで、印象に残っていることがあります。「長いことブランディングに関わる仕事をしていて思うのは、その人がブランドになる時代になっていくということ」と、飲み会の場で教えてくれました。きっと**ボクにしか出せない新しい先生のカタチがあって**、それを発揮する環境をつくっていくこと、生み出していくことが必要なんじゃないかと思うんです。誰かの理想の形があって「よい先生」になろうとするんじゃなくて、自分の在り方が先生という仕事を、その役割をつくっていく…そう考えるとワクワクしてきませんか。小針さんは酔っ払って覚えていないと思いますが（笑）。

おわりに

正直、この本を書き進めることがなかなかできなかった。

なぜだろう…と考えてみて気づいた。今までの2冊と比べて、ヒミツキチの「今」を書いているからだ。開校から5年経った今も、ヒミツキチの学びは進化し続けている。日々試行錯誤が続いている。今までの2冊は公立時代の実践を書いたものだった。ヒミツキチにいるけれど、過去のことを書いている。もう時が止まっている状態のものを書くから抵抗なく書くことができた。

子どもの「今」は日々変わり成長している。それに伴い、ボクらの考え方も日々変わっていく…そんな今を切り取り文章にしていくことはできるだろうか、それが全国の先生方への提案となるだろうか。その自信がなかったのだと思う。

また、自由進度学習やイエナプランをつくってきた先人への尊敬の想いも、重く肩にのしかかる。ボクがここで書くことで、何か迷惑をかけてしまわないだろうか、嫌な思いをする人はいないだろうか、そんな気持ちが油断すると顔を出す。

あぁ、怖いのか…人から評価されることに、そしてその評価に少なからず大好きなヒミツキチ森学園に関わる人たちを巻き込んでしまうことに。ボクは感じたことのない怖さを見ていたんだと気づいた。

2024年の夏、各地の教育委員会主催の夏季研修にたくさん立たせてもらった。夏休みだけで8回ほど、本当にありがたい話。テーマは、多岐にわたる。学級経営、働き方、プロジェクト活動、次の時代の先生の役割、特別支援教育…ほんと様々だ。

その中でたくさんの公立の先生に出会った。そこには現場で働く先生たちの想いがあった。決して楽しさだけじゃなく苦しさを抱えながら進んでいる姿があった。そして、

「本読みました、救われた気分になったんです」

「プロジェクト活動の本の子どもたちの姿に感動して、クラスでも始めました」

そんな言葉をかけてくださる優しい先生が多かった。

「学習に関してはどんなふうに考えていますか？」

ある先生の言葉にハッとさせられた。前の2冊は、主に学級経営の本だ。ボクはまだ自

分が取り組んできた、そして今取り組んでいる授業のことを書いていないじゃないか。

記憶が蘇ってきた。若いころ、「授業の上達には時間がかかるからまずは学級経営だ」と学級経営を優先しようと決意したあの場面を。

「青山さんがやっているのは授業研究じゃなくて、学び方研究じゃない？」と、教科による学びだけでなく、「共通するものは何か」を探究している姿勢をずばりと先輩に言い当てられて冷や汗をかいたあの場面も。


ボクは授業の価値を低く見積もっていたのではなくて、ちゃんと授業に向き合ってきた。いつかそれを示して、同じように今の授業の在り方に疑問をもっている、誰かの役に立ちたいと思っていたはずだと。

それからスイッチが入った。

そんなときにFacebookにこんな投稿が流れてきた。

「『自由進度学習は先生が楽になる！』って参観者の声がちらほら。何もしなくていいと思ってしまうんだろうな。逆に忙しくなるよ」

自由進度学習を知った先生がこう思うっていうのは、10年前の実践のときも上がっていた声だ。10年経っても、同じ現象が起きている。その人にはその人の出会うタイミングがあるから…というのは簡単だけれど、**これって10年経っても教育が前に進んでいないだけじゃないか**。

この本がどうとかなんかもう関係なくて、とにかく教育を一歩でも先に進めたい。ボクらの子どもの世代が、孫の世代が、「日本って教育がよくないから、この数十年世界に負けているよね」なんて悲しむ姿を見たくない。

そう思うと、この本を書き上げる力が湧いてきた。ボクがどう思われるかなんて本当にちっぽけなこと。これで教育が1ミリでも進むならそれでいい。議論されるならそれでいい。何よりもヒミツキチの「今」を書けるなんて幸せじゃないか。どうせなら子どもたちと一緒に本当の作家体験をしながら書いてみるのはどうだろうか。そんな提案をしたら子どもたちも「楽しそう！」と喜んでくれた。

そんな子どもたちの執筆にも後押しされて、なんとか書き上げることができた。

自由進度学習はゴールじゃない。そこで立ち止まってちゃいけない。その先へ一緒に向かう先生が1人でも増えるといい。目の前の子どもたちの姿から、子どもの学びをつくっていく…そんな仲間が増えるといい。そんな想いで書き上げることができた。

この本を読み、スッキリする人もいればモヤモヤする人もいると思う。そんなときは、あなたのまわりの人とこの本について話してみるのはどうだろう。または、ヒミツキチに来て、子どもたちの姿を見ながら、ボクと一緒に話してみませんか。そうやって読んだ先生の次の1リアクションにつながるのなら、とても嬉しいことだ。どうか、読んだ先生は自分でもできる一歩を探してほしい。先生の視点から願う未来像をもち、自分にできることは必ずあると信じてほしい。どこの現場で働く人もどんどん往還し合って、子どもたちの未来のために、教育を前に進めましょう。

この場を借りて、たくさんの人に感謝を伝えさせてください。

今までの著書に続き担当してくれた明治図書の新井さん。いつも本当にありがとうございます。ボクの原稿提出が遅れているのに、「大丈夫です」とにこやかに返してくれて、辛抱強く待ってくれました。きっと大丈夫じゃなかっただろうに…。オンラインでたくさんの相談にも乗ってくれました。本当に感謝の気持ちでいっぱいです。ありがとうございます。

そしてヒミツキチ森学園の子どもたち。開校から5年、一緒にカリキュラムを考え、どんどん進化する毎日を共に送っています。担当する海クラスのみんなには、今回は執筆にも携わってくれました。本当の作家体験ができたのも、一生の思い出です。みんないつもありがとう。

メンバーである、ちほやん、みっちゃん、ちゃき。いつも皆さんがありのままで、笑顔でいてくれるから、ボクも楽しくアソビゴコロ満タンでいることができます。この本を書き上げるまでに、たくさん学びのことについても相談に乗ってもらいました。そうやってヒミツキチの自立型往還学習が今も進化し続けています。みんな本当にありがとう。

ヒミツキチ森学園の親チームの皆さんにも感謝の気持ちでいっぱいです。新しい学校の新しい学び、不安なことも正直あるんじゃないかと思っています。時に本音で話してくれて、時にみんなと成長を喜び合う…そんな皆さんとの日常があるから、子どもたちの学びもどんどん高まっています。いつも本当にありがとうございます。またパパ会、しましょうね！

同じ市町村で切磋琢磨し合えた先生仲間、ヒミツキチの学びに興味をもってくださり足を運んでくださった先生方、研究講師などでお会いした先生方、本当にありがとうございます。ボクは先生の可能性を諦めたくありません。これからもたくさんの先生に関わり、一緒に教育を前進させましょう。

そして、「学習する学校実践ＬＡＢ」や「ＣＯＵＮＴ　ＵＰ！」のコミュニティで日々やりとりをする教育関係者の皆さん、全国のオルタナティブスクール等で新たな挑戦を続けている仲間たち。みんなとの時間があってこそ、日々の実践が濃く豊かなものになっています。たくさんのヒントをいつもありがとうございます。

最後に愛する家族。いつも外に出たり、無茶なことをやっているボクをあたたかく励ましてくれる家族の存在が何よりも大きいです。本当にありがとう。


この出版が、関わってくださった皆様の幸せにつながっていきますように。

青山雄太

参考文献一覧

・リヒテルズ直子著（２０１９）『今こそ日本の学校に！イエナプラン実践ガイドブック』（教育開発研究所）
・フレーク・フェルトハウズ、ヒュバート・ウィンタース著、リヒテルズ直子訳（２０２０）『イエナプラン 共に生きることを学ぶ学校』（ほんの木）
・青山雄太著（２０２２）『先生が知っておきたい「仕事」のデザイン』（明治図書）
・プロジェクト・ワープショップ編（２０１８）『増補版 作家の時間「書く」ことが好きになる教え方・学び方【実践編】』（新評論）
・森脇健夫著（２０２１）「授業におけるふりかえりの実践的研究」三重大学教育学部研究紀要第72巻 教育実践383-397頁
・木村明憲著（２０２３）『自己調整学習』（明治図書）
・ナンシー・フレイ、ダグラス・フィッシャー、ドミニク・スミス著（２０２３）『学びは、すべてＳＥＬ』（新評論）
・スージー・ボス、ジョン・ラーマー著（２０２１）『プロジェクト学習とは 地域や世界につながる教室』（新評論）
・軽井沢風越ラーニングセンター編（２０２４）『プロジェクトの学びでわたしをつくる』（軽井沢風越学園）
・市川力・井庭崇著（２０２２）『ジェネレーター 学びと活動の生成』（学事出版）
・jMatsuzaki・佐々木正悟著『1日3分！最強時間術 先送り０』（２０２４）（技術評論社）
・ピーター・M・センゲ著、リヒテルズ直子訳（２０１４）『学習する学校 子ども・教員・親・地域で未来の学びを創造する』（英治出版）
・鈴木祐著（２０２２）『ユア・タイム ４０６３の科学的データで導き出した、あなたの人生を変える最後の時間術』（河出書房新社）
・丸亀ひまわり保育園・松井剛太著（２０１８）『子どもの育ちを保護者とともに喜び合う Learning Story はじめの一歩』（ひとなる書房）
・青山雄太著（２０２４）『係活動にちょっとひと工夫「プロジェクト活動」のススメ』（明治図書）
・岩本歩著（２０２３）『イエナプラン教育を取り入れた自由進度学習 クラスでトライしてみる「ブロックアワー」』（明治図書）
・難波駿著（２０２３）『超具体！ 自由進度学習はじめの1歩』（東洋館出版）
・吉田満梨・中村龍太著（２０２３）『エフェクチュエーション 優れた起業家が実践する「5つの原則」』（ダイヤモンド社）

その他、本書執筆に関わるリンクを以下にまとめていますので、ぜひ参考にしていただければと思います。

【著者紹介】

青山　雄太（あおやま　ゆうた）

ヒミツキチ森学園グループリーダー　一般社団法人PLAYFUL

15年間、公立小学校教諭を務めたのち、2020年にオルタナティブスクール「ヒミツキチ森学園」を仲間と共に立ち上げ、グループリーダー（担任）に就任。

「子どもたちと未来を創る仕事で社会に変化を育む」「遊びと学びの力で軽やかに先生する仲間を全国に増やす」「自分のどまんなかで生きて、家族・仲間と最高の人生を創る」をビジョンに日々活動中。

月10万回以上読まれている「あお先生の教育らぼ」を運営しながら、現職の先生のリフレクションに伴走するなど、教育関係者の手助けをしている。SEL教育を源流にもつ「Compassionate Systems」ワークショップの運営や「キッズヨガ」の講師を務めるなど、幅広く学びに関わっている。著書に『先生が知っておきたい「仕事」のデザイン』『係活動にちょっとひと工夫「プロジェクト活動」のススメ』（ともに明治図書）がある。

自由進度学習の課題から考える
「自立型往還学習」のススメ

2025年3月初版第1刷刊　©著　者　青　山　雄　太
発行者　藤　原　光　政
発行所　明治図書出版株式会社
http://www.meijitosho.co.jp
（企画）新井皓士（校正）大内奈々子
〒114-0023　東京都北区滝野川7-46-1
振替00160-5-151318　電話03(5907)6701
ご注文窓口　電話03(5907)6668

＊検印省略　組版所　株　式　会　社　カ　シ　ヨ

Printed in Japan　ISBN978-4-18-387228-9